名师名校名校长

凝聚名师共识
回应名师关怀
打造名师品牌
培育名师群体

高中体育与健康之体能模块教学

张征超 / 著

西安出版社

图书在版编目（CIP）数据

高中体育与健康之体能模块教学 / 张征超著. — 西安：西安出版社，2024.3

ISBN 978-7-5541-7465-4

Ⅰ.①高… Ⅱ.①张… Ⅲ.①体育课—教学研究—高中②健康教育—教学研究—高中 Ⅳ.①G633.962

中国国家版本馆CIP数据核字（2024）第061288号

高中体育与健康之体能模块教学

GAOZHONG TIYU YU JIANKANG ZHI TINENG MOKUAI JIAOXUE

出版发行： 西安出版社

社　　址： 西安市曲江新区雁南五路 1868 号影视演艺大厦 11 层

电　　话： （029）85264440

邮政编码： 710061

印　　刷： 北京政采印刷服务有限公司

开　　本： 787mm×1092mm　1 / 16

印　　张： 14.25

字　　数： 232千字

版　　次： 2025 年 3 月第 1 版

印　　次： 2025 年 3 月第 1 次印刷

书　　号： ISBN 978-7-5541-7465-4

定　　价： 58.00 元

前　言

体育和健康教育在现代社会扮演着举足轻重的角色。随着科技进步和生活方式的改变，人们不得不面对新的挑战，比如久坐不动、缺乏运动，以及健康问题的增加。这些问题不仅影响着青少年的身体健康，也直接关系到他们的学习和生活品质。在这样的背景下，高中体育和健康教育的重要性愈发凸显。体育教育不仅是学校教育的一部分，更是培养学生全面发展的重要途径。体育不仅增强学生的体能和运动技能，更提高他们的团队合作能力和领导力，培养学生积极进取、不怕困难、顽强拼搏、公平竞争、遵守规则的优良品质和自信心。同时，体育教育还有助于学生树立正确的健康观念，增强防病意识，养成良好的生活与学习习惯。

基于此，本书以《高中体育与健康之体能模块教学》为题，首先，从青少年体质健康与体能训练的角度，讨论了体质健康与理想体质状态、体能训练对青少年体质的健康促进；其次，探讨了高中生的健康体适能及其训练、高中生体能测试的具体内容，以及高中体能素质的测试与训练；再次，围绕核心稳定性与核心力量训练展开了深入讨论，包括核心稳定性及其训练作用、核心力量训练及其负荷结构、核心力量的具体训练方法；最后，探究了高中球类运动项目及其体能训练，包括篮球运动教学及其体能训练、足球运动教学及其体能训练、排球运动教学及其体能训练、羽毛球运动教学及其体能训练、乒乓球运动教学及其体能训练。

本书系统地介绍了高中体育与健康课程的体能模块，涵盖了多个重要主题，如心肺耐力、肌肉力量、灵活性、速度与爆发力等，希望通过科学合理的训练方法和实用的练习内容，帮助学生在体能方面得到全面提升，培养其积极向上的体育态度和健康生活习惯。

笔者在本书的写作过程中，得到了许多专家学者的帮助和指导，在此表示诚挚的谢意。由于笔者水平有限，加之时间仓促，书中所涉及的内容难免有疏漏之处，希望各位读者多提宝贵意见，以便笔者进一步修改，使之更加完善。

张征超

2023年11月

目　录

第一章

青少年体质健康与体能训练

第一节　体质健康与理想体质状态

一、体质健康

（一）体质健康的内涵

健康是指躯体、心理和社会适应方面的良好状态。体质健康，从概念来源与发展沿革上看，是指能适应生活和工作环境下的活动强度，是一种生理状态。体质属于躯体健康的重要组成部分，一般按身体形态、机能状态和几项常用身体素质指标进行评价，由低到高分为不及格、及格、良好、优秀四个等级，此法为国际通用。

（二）体质健康的重要意义

20世纪90年代中期提出的体育"三基教学"是指基础知识教学、基本技术教学和基本技能教学，体育教学中主要关注的是如何向学生传授运动技术，学生的体育水平与运动技术技能水平体现在体育课堂的考试分数上以及课内课外体育竞赛的掌握运用程度上。

自21世纪开始，教育的全球化趋势不断发展。部分学生为了升学，有时会出现向体育教师要求评高分的情况，因此，在体育考试分数这方面，外界一直都在质疑。为保证体育课评价的公平性、公正性和科学性，应将常用身体素质测试项目列为考试内容之一，并应占一定比例。建立统一的学生体质健康标准和测试，能全面客观地评价学生的体育能力，有效提高学生的体质水平，例如，认真落实执行《国家学生体质健康标准》，严格按照国家要求进行有计划、有针对性的考评测试。

体质健康对于人们具有重要意义，具体如下：

第一，体质健康是人们生活的基础。如果一个人体质较弱，很容易生病，就很难有充沛的精力去生活、工作和学习。

第二，体质健康是人们工作的重要保障。每个人参加工作都需要有健康的身体。并且多数招聘单位在招收人才时会要求应聘者进行体检，如果该应聘者体质较差，那么招聘单位会慎重考虑是否录用。因为他们会考虑应聘者能否承受工作的压力，能否完成工作。

第三，体质健康可助力中国梦的实现。人们的体质健康关乎社会的人才结构和国家的繁荣昌盛。国民只有拥有强健的体质，才能全身心地投入社会主义建设，才能更好地贡献自己的力量，加快中国梦的实现。

总之，人们应该认识到体质健康需要进行日常维护，应在其中进一步认识自身、认识人体规律，养成良好的生活习惯，并有效应对亚健康或一些心理疾病。

二、体质与理想体质状态

（一）体质的内涵

体质是影响人身体健康的重要因素，国民体质的强弱关乎国家的长远发展和社会的进步。对于任何一个国家来说，国民体质的强弱都与社会的政治、经济、教育和文化等紧密相连，是衡量一个国家综合国力的重要指标。体质影响国民的健康水平，影响社会的全面发展以及国家的长治久安和繁荣昌盛。因此，各个国家都相当重视国民体质的调查研究和具体实践，对其投入较大。科技的发展使得国家间的竞争越发激烈，但究其根本，国家间的竞争实际是人才的竞争，而体质与人才息息相关，是人才成长的基础。只有国民体质增强了，才能推动社会的发展，为社会创造更多的财富。

体质就是人体的质量。体质是人们正常生活和工作的最重要的物质基础，是根本中的根本。一个人体质的强弱不仅与其先天遗传有着莫大的关系，而且也与其后天所处的物质环境息息相关。体质的表现形式是多方面的，包括人体的生理功能、心理健康、身体素质、行动能力等诸多内容。要想了解一个人的体质，就需要对这些内容进行充分的认识。一般来说，决定一个人体质强弱的因素有很多，大致包括两个方面：①先天遗传，人们体质的强弱取决于其遗传情况，相貌、肤色、性格等都与先天遗传存在着很大的关联，先天遗传的体质可谓一个人体质发展的基础；②后天环境影响，一个人终归是要不断发展和成长的，所以体质也势必随之发展和成长。在这个发展过程中，后天的环境就对人的体质产生了极大的影响。人们所处的社会是一个非常复杂的环境，因此体质发展所面临的环境也是极其复杂的，如人文环境、地理气候、体育活动、医疗条件等，均属于人体后天发展环境当中的重要内容，它们的好坏将直接影响人们体质的强弱。

纵观漫长的人类发展史，在不同的历史时期，由于周边的自然环境不同，因而社会人文环境也会有所不同。由于物质生产条件的限制，人们的生活和生产水平呈现出阶段性发展的特点，这直接导致各个历史时期对人们的体质要求也有所不同。例如，在原始社会时期，生产力水平十分低下，大多数生产活动需要依靠纯粹的体力，所以对于人们体质的要求会比较高。到了工业化时代，精神劳动和体力劳动融合程度较高，对人的体质要求更高。可见，人的体质是最基本的财富，对社会乃至国家具有重要意义。

综合以上分析，可以将体质的内涵概括为以下方面：

第一，人的体质是一个综合多种要素的有机整体，其内部的各种要素关联紧密、不可分割，它们相互影响、相互促进、相互协调，共同影响体质整体的强弱，决定了人们综合素质的高低。与此同时，体质还是人们在生产和生活过程中最为重要也最为根本的物质基础，促进人体体质的增强，有利于社会的和谐与社会经济的稳步发展。

第二，关于体质的影响因素，既包括先天遗传，也不排除后天环境，两者都对体质的发展起着非常重要的作用。先天遗传塑造了体质的最初形态，决定了体质的基本情况，而后天环境则为体质的发展提供了无限的可能。

第三，体质的加强关乎人们身体素质的提高，因为身体素质作为人们综合素质的一部分，是最能明显反映人们体质强弱的一个外在表现。身体素质的加强能够深刻地影响人们的行、走、跑、跳等具体的行动能力，这些都需要人们通过具体的体育锻炼来获得，当人们体育锻炼的相应指标合格时，也就意味着其身体素质已经达到一个基本合格的程度，这对人体生理功能的发展是一个极为有利的信号，因为其能动性正是以身体素质为基础的。

第四，随着科学技术的发展和医学水平的提高，人们对体质的认知会更加深刻、具体。在理论研究上，人们对体质及其相关研究不断深入，对体质的概念理解更加透彻；在实际生活中，人们凭借自身感觉切实体验体质的变化，从而对体质的发展产生深刻的认知。

第五，可以将对体质的研究看作一门综合性的学科，因为它涉及许多其他学科的理论知识，而且这些学科之间联系非常紧密。除了学科的综合性，体质研究的过程也是十分漫长的，它不是某一特殊时期的阶段性研究，而是一项持续不断的发展性研究，因为人们的体质会不断发生变化，所以体质本身的内涵也在不断地丰富。必要时也需要进行适量的对比研究，这就不免使体质研究具备了跨地域性。

综上所述，体质的研究是一门复杂多变、综合性极强的科学研究，但它并不简单化或单一化。在具体到某一细节问题时，对体质的研究就需要从单一学科的角度或者局部的范围开展。在实际的研究过程中，这种单一研究或综合研究也并不少见，如将整体性研究和综合性研究有机结合起来，两者互相取长补短，在进行专项分析时不忘与其他学科知识相联系，在进行综合总结时不忘兼顾细枝末节，这样一来，就可以使体质的研究工作既满足了研究的全面性，又避免了研究的片面性。

（二）理想体质状态

理想体质是人体体质的一种理想状态，具体是指人体体质在不同条件下，功能都能达到相对较高的水平和层次。它是在先天遗传和后天获得的双重作用下形成的，具体来说，理想体质状态是以先天遗传的体质为基础，通过后天的锻炼和营养摄入等方式达到的。体质的范畴包括器官系统、运动能力和心理发育等多个方面。其中，器官系统方面主要关注人体的生理，即人体的新陈代谢等生理活动，通过体格、体型和营养状况等相关数据，关注人体本身的健康状况；运动能力则重在关注人们对于身体的利用，如跑、跳、投、攀爬等运动表现出的人体运动的速度、协调性、灵敏度等，借助这些方面的相关数据，可以折射出人体内部的健康状态；心理发育则侧重关注人体心理方面的健康问题，如人们的智力、情商、感觉、性格等，这些内容往往受外界环境的影响较大，最终也能影响到人们的体质状态。

理想体质状态具体表现在以下方面：

第一，身体内部健康，心、肝、脾、肺、肾等各个器官和呼吸系统、消化系统、内分泌系统等各个生理系统都没有较大的问题，保持一个基本健康的水平，具备良好的生理机能。

第二，运动能力正常，在生活和工作中有基本的行动能力，自理能力较强，能够独立解决生活与工作中的基本问题，一些基本的运动指标都能够达到合格的标准。

第三，心态乐观，适应环境的能力较强，具备一定的抗压能力，能够在较为复杂的社会环境中独立生存。此外，保持积极进取的生活态度和坚持不懈的意志力，都是心理健康的一种表现。

第二节　体能训练对青少年体质的健康促进

一、体能训练的必要性

青少年体能训练是体育训练需要重点关注的课题，但通过体育训练实践发现，当前的青少年体能训练还存在一些问题，如训练方式单一、重视程度不够等。[①]

（一）体能训练能够培养意志品质

幼年、青少年、青年这三个年龄段的个性特征是不同的，以跑步为例，幼年时期的学生很难长期进行一个项目的训练，所以在跑步过程中需要加一些体育器械来完成跑步训练，比如运球跑、二人三足跑，这样能够提高幼年时期学生体能训练的兴趣，兴趣是最好的老师，让幼儿通过兴趣培养体能训练意志品质，从而使体质健康水平提升。青少年时期的学生已经有了体能训练的意识，所以在跑步的体能训练中尽可能选择短距离的训练，如接力跑、100米冲刺跑、200米跑和400米跑等，这样的体能训练可以锻炼学生的爆发性、灵活性和适应性，让他们的锻炼意志不断地增强。青年阶段的学生由于个性特征更加明显，可以选择400米跨栏跑、中长跑等体能训练，在此过程中锻炼青年学生的意志品质，培养他们克服困难、顽强拼搏的体育精神。

（二）体能训练能够促进智力发育

体能训练对于不同时期的学生作用也不同，如在幼儿阶段的学生，通过游戏和运动相互结合的体能训练能够锻炼幼儿身体的协调能力，帮助幼儿智力的养成。而在青少年时期的学生需要通过规律性的体能训练来锻炼他们的身体

---

① 周真.青少年体能训练存在的问题与策略研究［J］.青少年体育，2022（8）：49.

灵活性，以让青少年在学习知识的过程中保证智力发育的完善性。到了青年时期，学生智力基本发育完全，需要通过体能训练与自身的耐力和毅力相互结合，这样有利于青年学生智力的进一步提高。在各个阶段教学实践中，可以根据教学目标去设计选择教学内容以及组织方法，遵循由易到难、由简到繁、逐步提高的原则，引导学生创造自主学习、探究学习、合作学习的平台，提高学生体育学习和自我锻炼的能力。

二、制订科学性的体能训练计划

（一）幼年要遵循协调能力发展的训练计划

一般幼儿年龄阶段中训练的计划不能强度过大，主要是帮助他们在兴趣的指引下强身健体，根据幼儿在校的一日生活进行体能训练安排，一定要保证合理安排训练计划和时间以及周期。在体能训练过程中根据季节选择室内或室外的体能训练，并指定各个阶段幼儿在校要完成的体能训练计划，训练计划尽量选择多样，这样对于这个年龄段的学生可以达到较好的训练效果。比如男童比较喜欢带球跑运动，就可以让男童练习运球跑，而女童练习拍球；女童喜欢二人三足就可以安排她们进行比赛，男童作为裁判，共同协助完成训练任务；也可以选择一项适合男女童的体能训练的项目，比如跳绳。这些都能锻炼他们身体的协调能力，从而完成体能训练，增强自身体质。

（二）青少年要遵循提升体能的训练计划

在为青少年制订阶段体能训练计划时，要明确每个阶段体能训练的种类和时间，然后根据不同阶段训练项目的难易程度制订训练计划。如青少年体能训练要比幼儿的体能训练强度要大，所以最好采取循序渐进的方式进行训练。每次进行体能训练重点项目之前可以进行简单的身体素质练习，这样能够帮助青少年适应强度大的体能训练。男生可以选择一些强度大一点的体能训练项目，如俯卧撑、100米冲刺跑、400米跑等；女生则可以选择强度比较小的训练项目，如仰卧起坐、50米冲刺跑、200米跑、原地高抬腿等；男生、女生一起也可以进行混合接力跑。这些都是通过系统的体能训练来增强青少年体质。

（三）青年要遵循耐力和持久力的训练计划

到了青年阶段，基本的体质已经初步形成，在对青年学生安排每次体能训练的内容时，应该根据不同学生的身体素质安排适合的体能训练项目，训练的时候一般先进行锻炼学生的速度以及灵敏性的体能练习，然后逐步地增加运动量，可以将运动量小的项目放在前面，训练项目要从易到难选择上、下肢搭配合理的体能训练。男生主要选择球类运动；女生主要选择啦啦操、健美操等运动；每次体能训练男生要完成1000米跑、女生要完成800米跑任务。这些分类形式的体能训练可以提升学生们的耐力和持久力。

总之，体能训练项目的设计要选择能够促进身体的全面发展，并且容易掌握的项目，这样才能有效地增强幼年、青少年、青年这三个年龄段学生的身体素质和体质。

三、体能训练对体质健康水平的影响

（一）体适能对身体健康水平的影响

体适能是指人体的敏捷度、平衡能力、协调能力、速度、爆发力以及反应能力等。体适能强的学生相对头脑比较灵活聪明，从小就锻炼的运动员体适能方面比较强。体育学角度评价健康的一项综合指标就是体适能，体适能强的机体能够具有高效的运动能力以及健康的体质，体适能包括身体成分、心肺血管机能、肌肉骨骼系统机能（包括肌肉耐力、肌肉力量和柔韧度），所以体适能是衡量体质健康水平的生理基础，要不断地提升幼年、青少年、青年这三个年龄段学生的体适能，这样才能保证他们体质健康水平达标。

（二）体能训练对身体机能健康的影响

评定身体机能的重要指标之一就是心肺机能。心肺机能是心脏、血管与呼吸系统协同工作的能力，提供给肌肉工作的燃料，他们的功能直接影响肌肉利用燃料长时间工作的能力。心肺机能的有效工作能够使人体工作后快速消除疲劳，恢复如初。比如，体能训练跑步能够有效地提升呼吸肌的力量，增强肺组织弹性。幼儿通过和跑步有关的练习能够提升肺活量指数，当肺活量达标后到了青少年时期可以进行中等程度的跑步练习来锻炼肺活量，到了青年阶段，每天需要进行中长跑练习，来保持肺活量指标的稳定和提升。因此，体能训练能够保证身体机能健康地发展。

（三）体能训练对身体素质方面的影响

体能训练在体育训练中相对比较枯燥，必须让学生真正意识到健康与体能训练的直接关系，这样他们才能愉快地接受体能锻炼。体能锻炼能够改善和增强机体各部位的协调性，并且提高身体的力量、速度、耐力等综合素质。因此，体能训练对身体素质方面的影响意义重大。

总之，通过体能训练，学生的身体健康能够得到系统的改善，体重也会恢复正常标准，身体的各项机能指标也得到有效的提升。体能训练还有助于降低慢性疾病发生和发展的概率，从而提高自身身体的免疫力，抵御病毒和细菌的侵入，因此良好的体能训练可使学生拥有健康的体质，将来走向社会能够面对更多的压力与挑战。

第二章

高中生的健康体适能及其训练

第一节　健康体适能的概念及分类

我国学者长期以来一直以"体质"一词来表述与体适能类似的概念，认为体质是人体形态发育、生理功能、心理功能、身体素质的状态及对环境的适应力和对疾病的抵抗力。这一概念的内涵显然不同于体适能，但是目前国内开展的国民体质检测内容却在性质上与体适能的检测项目较为类似。显然，各国学者对体适能的具体表述虽有所不同，但是，将体适能视为人类为适应生活需要所应具备的完成各种体力活动的能力，各国学者的观点是基本一致的。世界卫生组织（WHO）对体适能的定义为：个人在应付日常工作之余，身体不会感到过度疲倦，还有余力去享受休闲及应对突发事件的能力。根据美国运动医学会的释义，体适能包括健康体适能和竞技体适能。随着素质教育改革的推进，体适能概念逐渐进入我国体育健康教育领域，对我国的健康观念和体育教育产生了极大影响。

一、体适能的概念

体适能分为两种，先有健康体适能，后有竞技体适能。健康体适能是来自肌肉、心肌和骨骼肌的力量，骨骼肌收缩产生关节角度变化大小的范围，以及决定肌肉收缩强度所显示出来的身体组成的肥瘦指数。

体适能商是继智商、情商之后，近年来提出的体适能评价的新观念。体适能商有健康体适能商和竞技体适能商，是健康体适能和竞技体适能的综合反映。一个人的健康体适能商越高，代表健康的趋向越明显；竞技体适能商越高，代表基本运动能力越强。两种商之和越高，则代表健康与运动的身体机能越完善。

健康体适能如通过加强训练，可得到很大的进步。相对的，竞技体适能随之增强、速度提高、反应加快、爆发力增强、稳定平衡控制容易、灵敏性更为迅速、协调性更佳，竞技体适能商得到提高。

健康体适能包含身体成分、肌肉和肌肉耐力、心肺耐力、柔韧性几个方面。

心肺耐力产生有氧耐力与无氧耐力，亦即有氧能量耐力与磷酸、无氧能量耐力。

肌肉力量是肌肉质量和肌肉收缩产生的加速度，即$F=ma$。加速度为速度的时间变化率，方程式为：$a=v/t$，所以$v=at$，速度为加速度和经过时间的乘积。速度包括肌肉收缩经过的反应时间、动作时间、动作频率。

稳定平衡能力来自肌肉三个方向分力的平衡，即肌肉力量与其半径所形成的力矩平衡稳定。

爆发力为肌肉力量与其所产生速度的乘积。其方程式：$P=F \cdot V$。

肌肉耐力是肌肉力量乘作用时间，即$F \cdot t$，即为冲量，冲量=动能，其方程式来自肌肉力量，其方程式推导为：$F=m \cdot a=m \cdot v/t$，所以$F \cdot t$（冲量）$=m \cdot v$（动能）。从此方程式可知肌肉耐力也等于速度耐力。

柔韧性是肌肉收缩、带动骨骼，以关节为支点所形成的角度（θ）变化范围。由此定义可知，直线速度为关节移动的角速度和其半径的乘积，方程式为：$V=r \cdot \omega$。而收缩肌肉的质量与其圆半径、速度的乘积为角动能，公式为：$m \cdot r \cdot v=m \cdot r^2 \cdot \omega=I \cdot \omega$（$I$为转动惯性）。

灵敏性为身体或身体部位肌肉快速收缩所产生的方向、位置改变，亦即三个方向力量的快速变化或三个方向速度的快速变化。

协调性为全身重心或身体部位重心向其末端依序产生肌肉收缩所产生的调和力的动作，或继之作用在身体担负的物体或挥动其持着的物体击打他物的调和力。

至于未提到的韵律性、正确性，仍然是肌肉力量要素。与其推导出的要素一样，韵律性是肌肉力量、速度、灵敏性等相协调以相同节奏的反复进行动作的节律；正确性是肌肉力量、速度、爆发力、灵敏性、协调性的多次反复实施的最小误差。

二、体适能的分类

（一）健康体适能

健康体适能适用于一般人，借此了解健康与体适能的关系，以体适能来判断健康状况。而竞技体适能，则除了健康体适能的优点外，更重视竞技体适能的训练，强化体适能、保持健康。

健康体适能是体适能的分支之一，由四个方面组成：心肺和肌肉耐力适能、肌肉力量适能、柔韧性适能和身体成分，本部分主要介绍前三种适能。

心肺耐力适能反映由心脏、血液、血管和肺组成的血液运输系统向肌肉运送氧气、能量物质同时维持机体从事体力活动的能力。由于拥有良好心肺耐力适能的人通常也具有较好的运动耐力和有氧运动能力，因此，心肺耐力适能有时又被称为心血管耐力或有氧适能。肌肉耐力适能是指人体长时间进行持续肌肉工作的能力，即对抗疲劳的能力，一般以持续用力的时间或反复次数来衡量。

肌肉力量适能是指骨骼肌收缩时依靠肌肉紧张来克服和对抗阻力的能力，通常以对抗和克服最大阻力的重量、力矩或做功功率来表示。

柔韧性适能是对机体单个关节或者多关节活动范围的测度，通常由骨关节结构、肌肉、韧带以及关节囊的长度和伸展性等因素决定。

身体成分是指人体内所含脂肪占体重的百分比。

（二）竞技体适能

竞技体适能是体适能的另一分支，其由灵敏性、协调性、平衡性、速度、爆发力、反应时等与运动竞技能力有关的体适能要素组成。这种体适能较重视运动表现，趋向于运动竞赛，务求达到提高运动技能、赢取荣誉和奖牌的目的。

第二节　心肺适能的测评与训练方法

心肺适能反映血液运输系统向肌肉运送氧气和能量物质，维持机体从事体力活动的能力。由于拥有良好心肺适能的人通常具有较好的运动耐力和有氧运动能力，因此，心肺适能有时又被称为心血管耐力，或称为有氧适能。

一、心肺适能的测评方法

心肺适能的测量方法较多，有直接反映心脏泵血功能的最大心输出量测量与反映机体氧气摄取和利用能力的最大吸氧量测量，也有间接测量心肺适能的台阶试验、20米往返跑试验、各种时间和距离的跑走试验等各种最大运动负荷试验、亚最大运动负荷试验和非运动负荷试验。由于间接测试的方法简便且易被接受，因此成为当前心肺适能测评的常用手段。

二、心肺适能的训练方法

（一）有氧能力训练方法

1. 匀速持续跑

训练方法：跑的距离尽可能长，运动时间在1小时左右，心率控制在150次/分。

训练要求：匀速连续地跑。

2. 越野跑

训练方法：跑的速度可以适当变化，心率控制在150～170次/分，运动时间在1.5～2小时。

训练要求：在空气清新的室外，相对松软、有弹性的路面进行。

3. 变速跑

训练方法：负荷强度由低到高，心率控制在130～180次/分，练习持续半小时左右。

训练要求：根据运动员能力控制速度和距离。

4. 间歇跑

训练方法：训练负荷量较小，训练中每次练习持续时间不长。负荷强度较大，心率达到170～180次/分，在机体尚未完全恢复前进行下一次练习。

训练要求：尽可能地延长整个训练的持续时间，至少半小时。练习之间采用积极性休息方式，如放松跑和慢走。

5. 法特莱克跑

训练方法：在野外、山坡、平原等地形条件下，由练习者自己掌握距离不等的快跑、慢跑、匀速跑、加速跑等交替进行的连续练习。

训练要求：多用于调整训练课或过渡训练期。

除了跑的练习外，有氧能力训练手段还有很多，例如游泳、骑自行车、登山等运动都是提高运动员有氧能力的有效手段，可以根据训练条件选择合适的训练手段。

（二）无氧能力训练方法

1. 固定间歇时间跑

训练方法：采用80%～90%的练习强度，心率达到180～190次/分，一次练习的持续时间和距离稍长，练习的重复次数不宜过多。

训练要求：间歇时间固定不变，可采用距离相等或不等的练习。如果距离不等，那么练习顺序需由短到长，最后一组练习也要基本保持规定强度。

2. 逐渐缩短间歇时间跑

训练方法：采用80%～90%的练习强度，心率达到180～190次/分，一次练习的持续时间和距离稍长，练习的重复次数不宜过多。

训练要求：间歇时间逐渐缩短，可采用距离相等或不等的练习。如果距离不等，那么练习顺序需由短到长，最后一组练习也要基本保持规定强度。

3. 短距离间歇跑

训练方法：可采用30～60米距离，间歇时间在1分钟左右。采用95%以上的大强度练习，持续时间在10秒左右。

训练要求：保持高训练强度，较多的练习重复次数，组数根据练习者能力情况而定。

4. 长距离间歇跑

训练方法：可采用100～150米距离，间歇时间在2分钟左右。采用95％以上的大强度练习，持续时间在10秒以上。

训练要求：保持高训练强度，较多的练习重复次数，组数根据练习者完成情况而定。

（三）增强式训练方法

增强式训练是一种让肌肉在最短时间内发出最大力量的训练方式。肌肉先是做出离心（伸展）运动，紧接着立即做出向心（收缩）运动。增强式训练的目的是利用肌肉和肌腱的自然弹性成分与牵张反射，提高后续动作的输出功率。增强式训练手段较多，可根据项目特点采用不同的训练手段。

1. 分腿蹲跳

训练方法：运动员开始保持箭步姿势，一脚在前（屈髋、屈膝约90°），另一脚在身体中心线后方。起始姿势稳定后运动员爆发性起跳，必要时可以使用双手给予帮助保持平衡。当离开地面时，交换双腿前后位置，必须强调最大高度和爆发力。当落地时，保持箭步姿势，迅速反复起跳。

训练要求：箭步不宜太深，否则易造成膝关节损伤，且无法利用肌肉与肌腱的自然弹性成分与牵张反射。

2. 侧向跳跃障碍

训练方法：运动员站在障碍物侧方，保持舒适站立姿势，两脚分开与肩同宽。开始时先向下做微蹲动作，然后主要利用屈髋和屈膝动作，双脚跳过障碍物，膝盖并拢。落在障碍物另一侧后立即跳回到开始一侧，反复进行。

训练要求：可根据运动员水平逐渐升高障碍物，或由双脚跳换为单脚跳提高运动强度。

3. 跳深

训练方法：运动员站在跳台前沿，保持舒适站立姿势，两脚分开与肩同宽。双脚同时跨出跳台双脚落地，落地后尽可能向上跳。

训练要求：尽量减少接触地面时间，落地后强调以最小水平位移向上跳起。可以通过升高跳台来提高练习强度。

4.仰卧起坐接排球

训练方法：运动员坐在地面，躯干与地面约成45°，同伴持球站在对面。当同伴将球掷出时，利用双手接球，躯干稍微伸展缓冲，然后快速收腹并将球掷回给同伴。

训练要求：将球掷回给同伴的力量主要来自腹部，增大球的重量（如实心球）可以提高练习强度。

第三节　肌肉适能的测评与训练方法

健康体适能中的肌肉适能特指机体依靠肌肉收缩克服和对抗阻力完成体力活动的能力，包括肌肉力量和肌肉耐力两个基本成分。

肌肉力量，又称最大肌肉力量或绝对肌肉力量，特指肌肉收缩产生最大收缩力的能力，通常以等长收缩状态下肌肉最大抗阻能力来表示；而肌肉耐力特指肌肉持续收缩对抗疲劳的能力，通常以静态运动负荷持续时间、动态等张收缩次数或者动态等速运动的功率以及峰力矩下降率来表示。

一、肌肉适能的测评方法

健康体适能中的肌肉力量检测指标主要包括握力、背力、臂力、腰腹部力量和腿部力量等，分别用以反映上肢、躯干和下肢肌肉力量水平。常用的测量手段包括简易的握力计、背力计，以及自动化程度较高的等速肌力测定仪和各种类型的力传感器。

肌肉耐力检测主要包括引体向上和俯卧撑、仰卧起坐、蹲起等，分别用以反映上肢、躯干和下肢的肌肉耐力水平。由于心肺适能测试通常是以下肢耐久性跑步为基础进行的且在一定程度上反映下肢肌肉耐力水平，因此蹲起试验在肌肉耐力测试中很少使用。

二、肌肉适能的训练方法

（一）器械抗阻训练方法

1. 正、反手腕屈伸

练习目的：主要发展前臂肌群力量。

开始姿势：蹲姿或坐姿，两手正握或反握杠铃，两上臂内收紧贴体侧肋骨，前臂放于股四头肌上，手腕及小臂前部探出膝前，屈腕或伸腕。

练习方法：用力屈腕或伸腕举起杠铃。

练习要点：保持身体稳定状态，避免晃动借力；前臂紧贴大腿，不要离开移动。

2. 胸前肘屈伸

练习目的：主要发展肱二头肌力量。

开始姿势：站姿或坐姿，两手反握杠铃，握距不超过肩宽，两上臂内收紧贴体侧肋骨，手臂下垂于体前。

练习方法：以肘关节为圆心，以小臂为半径向上用力屈肘，把杠铃举至与肩平。

练习要点：保持身体稳定状态，避免晃动；杠铃下放时动作要慢；屈肘时吸气，伸肘时呼气。

3. 颈后肘屈伸

练习目的：主要发展肱三头肌力量。

开始姿势：坐于凳上，上身挺直，两手正握或反握杠铃，握距不超过肩宽，两臂伸直上举，肩部前倾下垂放松。

练习方法：两臂在头后方，贴耳做屈肘、伸肘动作，屈肘时肘关节向上。

练习要点：保持身体稳定状态，肘关节不要外展；屈肘时动作要慢，手臂缓慢下放。

4. 杠铃耸肩

练习目的：主要发展斜方肌力量。

开始姿势：两脚开立，挺胸塌腰，两手正握杠铃，握距比肩略宽，两臂自然向下垂直，肩部前倾下垂放松。

练习方法：两臂伸直不动，斜方肌收缩尽力耸起，两肩上提。

练习要点：保持身体稳定状态，不要前后摆动；手臂不要发力上提；耸肩时不能弯腰、弓背；耸肩上提时略微停顿，使斜方肌保持一定的持续收缩的过程。

5. 卧推

练习目的：主要发展胸大肌、肱三头肌力量。

开始姿势：身体仰卧在长凳上，两手握杠铃置于胸上方，握距有宽握、中握、窄握。宽握主要练习胸大肌两侧翼中、上部位，使外侧宽厚；中握主要练习胸大肌外侧和下缘沟；窄握主要练习胸部中间肌肉，也可扩大胸部。

练习方法：胸大肌、肱三头肌收缩发力将杠铃向胸部上方推起至两臂伸直，略停顿后，屈肘缓慢下落还原。

练习要点：练习时要挺胸、沉肩，不能含胸、耸肩；屈肘下落时速度要慢，重量较大时需他人保护。

6. 站姿划船

练习目的：主要发展背阔肌、斜方肌、菱形肌等肌肉力量。

开始姿势：两脚开立、挺胸、弯腰、上身前倾，两手正握杠铃，握距与肩同宽，膝关节可略微弯曲，两臂伸直下垂于体前。

练习方法：屈肘上拉杠铃至胸或上腹部，两臂贴近体侧。

练习要点：保持身体稳定状态，上身与地面角度应保持不变，避免起伏摆动；伸肘下落时动作要慢，手臂缓慢下放。

7. 颈后推举

练习目的：主要发展三角肌后束的肌肉力量。

开始姿势：站姿或坐姿，双手正握杠铃置于颈后，握距略宽于肩，挺胸紧腰，目视前方。

练习方法：伸肘将杠铃向颈后上方推起，手臂完全伸直后，屈肘缓慢下落还原。

练习要点：上身挺直，腰腹收紧，屈肘下落时动作要慢。

8. 颈前推举

练习目的：主要发展三角肌前束的肌肉力量。

开始姿势：站姿或坐姿，双手正握杠铃置于颈前，握距略宽于肩，挺胸紧腰，目视前方。

练习方法：伸肘将杠铃向颈前上方推起，手臂完全伸直后，屈肘缓慢下落还原。

练习要点：上身挺直、腰腹收紧，全身只能让手臂做屈伸动作，屈肘下落时动作要慢。

9. 提拉

练习目的：主要发展三角肌前束的肌肉力量。

开始姿势：两脚分开、与肩同宽，双手正握（窄握距）杠铃置于体前，挺胸紧腰，目视前方。

练习方法：把杠铃向上拉到锁骨部位，肘部尽可能抬高，杠铃下落时不要放松和垂肩。

练习要点：上身挺直、腰腹收紧，向上拉起时吸气，杠铃下落时呼气。

10. 弓身

练习目的：主要发展腰背肌群的肌肉力量。

开始姿势：站姿或坐姿，两手宽握杠铃于颈后肩上，挺胸、弯腰，上体尽量与地面近乎平行。

练习方法：挺身向上抬起至上身直立。

练习要点：上身保持挺直塌腰姿势，向前弯腰时动作缓慢。

11. 负重转体

练习目的：主要发展腰背肌群、腹外斜肌力量。

开始姿势：两脚开立，上身直立、挺胸，两手正握杠铃，握距大于肩宽，屈肘将杠铃置于颈后肩上。

练习方法：上身向左侧或右侧转体。

练习要点：上身始终保持挺直塌腰姿势，下肢不要跟随转动。

12. 颈后蹲（深蹲）

练习目的：主要发展股四头肌、臀大肌等肌群的力量。

开始姿势：两脚开立与肩同宽，两手正握杠铃置于颈后，上体挺直，腰腹收紧，目视前方。

练习方法：上身始终直立、挺胸，腰背肌群收紧，下蹲至半蹲或全蹲，然后股四头肌发力，下肢蹬伸至膝关节直立。

练习要点：腰背肌群始终保持收紧，不要放松，半蹲时须掌握膝关节弯曲角度，重量过大时需有人保护。

13. 颈前蹲

练习目的：主要发展股四头肌、臀大肌等肌群的力量。

开始姿势：两脚开立，与肩同宽，上身直立、挺胸，两手正握杠铃，握距大于肩宽，屈肘将杠铃置于颈前肩膀最厚实的地方，保持上臂与地面平行；上体挺直，目视前方。

练习方法：上身始终直立、挺胸，腰背肌群收紧，下蹲至半蹲或全蹲，然后股四头肌发力，下肢蹬伸至膝关节直立。

练习要点：腰背保持收紧并直立，半蹲时须掌握膝关节弯曲角度，重量过大时需有人保护。

14. 侧弓步蹲

练习目的：主要发展内收肌、臀大肌等肌群肌肉力量。

开始姿势：两脚开立与肩同宽，两手正握杠铃置于颈后，上体挺直，腰腹收紧，目视前方。

练习方法：向身体一侧跨一步呈侧弓步状，缓慢屈膝下降至大腿与地面平行，然后站起还原，重复进行。

练习要点：臀部尽可能后伸，保持上体挺直，目视前方。

15. 箭步蹲

练习目的：主要发展后腿膝关节、前腿股四头肌及臀大肌等肌肉力量。

开始姿势：两脚开立与肩同宽，两手正握杠铃置于颈后，上体挺直，腰腹收紧，目视前方。

练习方法：一腿向前跨一步，缓慢屈膝下降至前腿大腿约与地面平行，后腿膝关节约为90°，然后站起还原，重复进行。

练习要点：保持前腿大腿与地面水平，后腿大腿与上体成一直线，前后腿膝关节均为90°。

变化练习：前跨步成弓步状，后腿膝关节大于90°，主要发展臀大肌和股四头肌的肌肉力量。

16. 单腿蹲（罗马尼亚蹲）

练习目的：主要发展股四头肌和臀部肌群的肌肉力量及平衡能力。

开始姿势：两脚开立、与肩同宽，两手正握杠铃置于颈后，上体挺直，腰腹收紧，目视前方。

练习方法：一腿前站，膝关节微屈，同时后脚脚尖置于后方的踏板上；深吸气时，慢慢弯曲后膝至接近地面；前腿伸直回复起始状态，完成一定重复次数后，换腿进行。

练习要点：收紧核心肌群，保持上体挺直，头部朝向正前方。

17. 跨步弓步蹲

练习目的：主要发展臀部、腿部肌群及膝关节的肌肉力量，与跑的动作紧密结合。

开始姿势：两脚开立、与肩同宽，两手正握杠铃置于颈后，上体挺直，腰腹收紧，目视前方。

练习方法：右腿向前跨一大步，同时固定好左腿，缓慢下蹲呈弓步状；回到初始位置，换左腿重复动作。

练习要点：保持上体挺直，腰腹收紧，保持前弓步腿的大腿与地面水平，膝关节约为90°。

18. 负重上台阶

练习目的：主要发展股四头肌和臀大肌等肌群的肌肉力量。

开始姿势：两脚开立与肩同宽，两手正握杠铃置于颈后，站于台阶（踏板）前，上体挺直，腰腹收紧，目视前方。

练习方法：右腿上跨步，将右脚置于台阶（踏板）上；右腿用力下蹬，带动身体至台阶上，双脚平踏台阶面；接着左腿下跨步，使身体回到起始位置；然后左腿上跨步，再重复，双腿交替进行。

练习要点：上身挺直，腰腹收紧，支撑在台阶上的腿要充分伸直，最后做提铃动作时，尽量少用力蹬身。练习可变化成侧对台阶（踏板），做侧上台阶练习。

（二）徒手力量训练方法

1. 俯卧撑

练习目的：主要发展胸大肌、肱三头肌、三角肌力量。

开始姿势：两腿伸直，两脚并拢，两前脚掌着地支撑；两手臂伸直，两手掌着地支撑，间距略大于肩宽；躯干挺直。

练习方法：先屈肘，使身体贴近地面，然后伸肘还原。

练习要点：保持正确的身体姿势，躯干挺直，屈肘时动作不要过快。

2. 单手俯卧撑

练习目的：主要发展上肢手臂肌群力量。

开始姿势：两脚开立，两前脚掌和单手掌着地，形成三点支撑，膝关节和支撑手臂伸直，支撑点间距以能够保持身体稳定的姿态为宜。

练习方法：保持正确的身体姿势，支撑手臂做屈肘、伸肘运动。

练习要点：屈肘时幅度尽量做大，但注意除三个支撑点外，其他身体部位不要接触地面。

3. 仰卧撑

练习目的：主要发展背阔肌、肱三头肌、三角肌力量。

开始姿势：身体仰卧，两膝伸直，两脚并拢，脚后跟着地支撑；两手臂伸直，两手掌支撑于地面（矮台或肋木上），间距略大于肩宽；脚跟和两手三点支撑。

练习方法：保持躯干挺直连续做屈肘、伸肘动作。

练习要点：保持正确的身体姿势，躯干挺直，屈肘时动作不要过快。

4. 侧卧单手撑

练习目的：主要发展三角肌、肱三头肌力量。

开始姿势：身体侧卧，两腿并拢，贴地脚着地，膝关节伸直；上身挺直，单手支撑，肘关节伸直。

练习方法：使身体保持开始姿势，支撑手臂肘关节做屈伸运动。

练习要点：动作幅度尽量做大；髋关节挺直，练习时保持身体稳固，避免动作变形。

5. 静止倒立

练习目的：主要发展斜方肌、三角肌、肱三头肌力量。

开始姿势：身体倒立，略微抬头，两臂伸直，两手间距略宽于肩，掌心触地支撑，离开墙体约20厘米，两脚并拢，膝关节伸直，两脚跟接触墙体，腰髋挺直。

练习方法：尽量长时间保持开始姿势。

练习要点：尽量使身体保持稳定。

6. 倒立撑起

练习目的：主要发展斜方肌、三角肌和肱三头肌力量。

开始姿势：身体倒立，略微抬头，两臂伸直，两手间距略宽于肩，掌心触地支撑，离开墙体约20厘米，两脚并拢，膝关节伸直，两脚跟接触墙体，腰髋挺直。

练习方法：肘关节做屈伸运动。

练习要点：屈肘时动作要慢，注意屈肘幅度不要使头部着地，使身体保持稳固避免动作变形。

7. 仰卧起坐（直起、转体）

练习目的：主要发展腹直肌、腹外斜肌、髂腰肌力量。

开始姿势：两脚并拢，固定于地面，屈膝大小腿夹角呈90°，双手抱头，上身平躺在地面上。

练习方法：收腹、屈髋直起；收腹、屈髋分别向左、右转体。

练习要点：上下起伏和左右转体动作幅度要大；上身下躺时不要完全放松，控制速度。

8. 仰卧收腹摆腿

练习目的：主要发展腹肌、髂腰肌、股直肌力量。

开始姿势：仰卧，双手抱头，收腹、上身上抬离开地面；臀部着地；两脚并拢，脚尖绷直，膝关节伸直，两腿上抬离开地面。

练习方法：保持开始姿势，双腿上下交替摆动。

练习要点：练习时上身和脚不能着地；两腿摆动幅度要大、速度要快。

9. 仰卧收腹交叉摆腿

练习目的：主要发展腹肌、髂腰肌、股直肌和内收肌群力量。

开始姿势：仰卧，双手抱头，收腹、上身上抬离开地面；髋关节着地；两脚并拢，脚尖绷直，膝关节伸直，两腿上抬离开地面。

练习方法：保持开始姿势，双腿左右横向摆动。

练习要点：练习时上身和脚不能着地；两腿摆动幅度要大、速度要快。

10. 直体摆踢

练习目的：主要发展腹直肌、髂腰肌、股直肌力量。

开始姿势：身体直立，膝关节伸直，一手叉腰，另一手可扶墙或柱以保持身体平衡。

练习方法：单腿快速上下摆动。

练习要点：练习时摆动腿的脚不能着地，摆动幅度要大、速度要快；上身挺直保持稳定；也可用沙袋等置于摆动腿进行负重练习。

11. 深蹲

练习目的：主要发展股四头肌力量。

开始姿势：两脚开立，与肩同宽，双手向前平举，眼睛平视，上身挺直，抬头挺胸，膝关节弯曲下蹲，大小腿夹角略大于90°，膝关节尽量不要超过前脚尖。

练习方法：尽量长时间保持开始姿势。

练习要点：使身体保持稳固状态，重心在两腿中间。

12. 箭步蹲

练习目的：主要发展后腿膝关节周围的肌肉力量。

开始姿势：双手屈臂抱头，右脚向前跨出一步，前后膝关节角度均约为90°。

练习方法：保持后大腿和躯干成一直线，后腿用力垂直上下移动。可单脚或双脚踩在平衡气垫上进行练习，以提高练习的难度。

练习要点：在动作过程中，保持后腿大腿与躯干呈一直线；前腿膝关节不可过于前伸。

13. 单腿平蹲

练习目的：主要发展蹬伸腿的股四头肌与前举腿的股直肌和髂腰肌力量。

开始姿势：身体直立，双手前平举保持身体平衡，向正前方抬起一腿，膝关节伸直。

练习方法：上体挺直，支撑腿屈膝下蹲，然后伸膝站起。

练习要点：练习过程中保持躯干挺直，屈膝时动作要慢，支撑腿下蹲，蹲至最低点时不要停顿，前举腿要始终保持固定高度。

14. 单侧举腿蹲

练习目的：主要发展蹬伸腿股四头肌与侧举腿的阔筋膜张肌、股斜肌和髂腰肌力量。

开始姿势：身体直立，一手叉腰，另一手可扶墙或柱以保持身体平衡，向体侧方抬起一腿，膝关节伸直。

练习方法：上身挺直，支撑腿膝关节屈伸蹬起。

练习要点：使身体稳固保持正确姿势，屈膝时动作要慢，支撑腿要完全下蹲，蹲至最低点时不要停顿，侧举腿要始终保持固定高度。

15. 连续蛙跳

练习目的：主要发展下肢肌群力量。

开始姿势：两脚开立，与肩同宽，双手抱头，膝关节弯曲处于全蹲状态，身体略微前倾。

练习方法：双腿用力蹬地，向前斜上方跳起，向上腾起时伸膝、展髋；下落时收腹，屈髋双腿前摆；落地时屈膝、屈髋缓冲落地。

练习要点：动作幅度大，用力集中，连续跳保持适宜节奏，跳的路线保持直线。

16. 抱膝跳

练习目的：主要发展下肢肌群力量。

开始姿势：两脚开立，与肩同宽，双手自然下垂于体侧，上身挺直，眼睛平视。

练习方法：起跳时手臂由后向前摆臂，同时双腿用力蹬地；腾空时收髋、屈膝，上身略微前倾尽量做到大腿接触前胸；下落时伸髋、伸膝，踝关节、膝关节缓冲着地。

练习要点：起跳时摆臂、蹬地动作协同配合；腾空时注意向上提髋，不能向下坐髋。

17. 交换弓步跳

练习目的：主要发展股四头肌、股二头肌、小腿三头肌力量。

开始姿势：上身挺直，双手抱头，下肢呈弓步状，前腿膝关节弯曲，大腿蹲平，膝关节不要超过脚尖；后腿前脚掌着地，膝关节可略微弯曲。

练习方法：双腿用力蹬地，向上跳起两腿同时交换，落地呈弓步状，连续练习。

练习要点：上身挺直，不要前倾，连续跳保持适宜节奏，动作幅度要大，要有弹性。

18. 左右仆步跳

练习目的：主要发展股四头肌、小腿三头肌力量。

开始姿势：上身挺直，双手抱头，下肢呈仆步状，一腿膝关节弯曲呈全蹲状，膝关节外展，另一腿膝关节伸直于体侧，两脚掌着地。

练习方法：屈膝时腿用力蹬地向上跳起，两腿同时交换，落地呈仆步状，连续练习。

练习要点：上身挺直，不要向前或左右倾斜，连续跳保持适宜节奏，动作幅度要大，要有弹性。

19. 单腿跳

练习目的：主要发展股四头肌、小腿三头肌和髂腰肌力量。

开始姿势：上身挺直，单腿支撑，另一腿屈膝，小腿上抬离地，手臂置于体侧，肘关节略微弯曲。

练习方法：支撑腿用力蹬地，同时手臂从体侧由下向上摆动，身体略微前倾向前上方跳起，屈膝腿和蹬地腿依次收髋，蹬地腿前跨，落地时屈膝、屈髋缓冲落地，重复上述内容连续跳跃练习。

练习要点：蹬地，摆臂要协同发力；腾空跨步动作幅度要大，连续跳保持适宜节奏，跳的路线为一条直线。

20. 上坡跑

练习目的：主要发展下肢肌群力量。

开始姿势：身体略微前倾，其他姿势与平地正常跑步无异。

练习方法：身体略微前倾，双腿用力蹬地克服因坡道角度而增加的阻力。

练习要点：蹬地动作快速有力，尽量保持较快速度，跑动路线为直线。

21. 侧移动滑步

练习目的：主要发展股四头肌、内收肌群力量。

开始姿势：两脚开立，膝关节弯曲，略收散，重心下沉，上身直立，肘关节弯曲。

练习方法：一脚用力蹬地，另一脚侧向移步，然后蹬地脚迅速侧向内收跟进，快速重复移步至终端时迅速制动，由另一脚蹬地反向移步。

练习要点：移步动作要幅度大、速度快，髋关节重心压低，上身保持稳固。

22. 弓步转髋

练习目的：主要发展股四头肌、髂腰肌和旋髋肌群力量。

开始姿势：两脚开立，上身挺直，呈高弓步状站立。

练习方法：弓步后腿蹬地，然后提膝内扣，以前脚掌为轴，碾地内旋，然后提膝腿跨步呈异侧弓步状。

练习要点：动作幅度要大，蹬地启动要快，出步着地要稳，转腰配合要协调。

23. 高抬腿跑

练习目的：主要发展小腿三头肌、股四头肌和髂腰肌力量。

开始姿势：身体直立，两脚前后分开约40厘米站立，小臂上抬肘关节弯曲呈90°。

练习方法：一腿用力蹬地，另一腿屈膝上抬；当提膝腿下落的同时另一腿迅速蹬地上抬；两腿交替重复上述动作。

练习要点：上身挺直，摆臂、摆腿协调用力，动作幅度要大、速度要快，行进路线为直线，保持连续的快节奏并富有弹性。

第四节　柔韧适能的测评与训练方法

柔韧适能是对关节活动范围的测度，通常以所检测关节的柔韧性好坏来表示。健康体适能中的柔韧适能检测指标主要包括上肢、下肢、腰部和肩部柔韧性等。

柔韧性是指人体各个关节活动范围及肌肉、韧带的伸展能力。关节活动范围取决于关节周围所有软组织的正常延展性，只有在整个关节活动范围内保持最优动作控制的情况下，软组织才会实现高效的伸展能力。关节的活动幅度主要取决于关节本身的结构，跨过关节的肌肉、肌腱、韧带等软组织的伸展性，可通过合理的练习获得。

一、柔韧适能的测评方法

柔韧性可通过坐位体前屈、立位体前屈、双手背部对指试验、仰卧单举腿试验进行测定，也可采用柔韧性测量计、体型量度刻板等进行测定。经常测试部位是躯干、髋关节、下肢、肩关节等，主要用于检测和评价全身、肩关节以及髋关节和大腿后群肌肉的柔韧适能。

常用的测评方法包括：①直接测量，指应用测角仪测量关节转动的幅度或程度，评价指标为"关节角度"；②间接测量，指通过测量身体运动环节移动的距离来判定关节最大活动幅度，一般采用坐位体前屈改良法和斯科伯改良法。

二、柔韧适能的训练方法

拉伸练习的预期效果远远超出人们的想象，良好的拉伸练习可以使身体在运动前做好充分的准备，帮助运动员更好地完成动作。另外，拉伸练习能够帮助运动员提高柔韧素质，预防损伤及酸痛，加速机体恢复。拉伸训练在改善动作执行幅度，提高技能和增强爆发力方面颇有价值。拉伸练习应被视为一种独立的运动训练，而不是象征性地把它作为热身或者是整理活动。为了取得最佳的训练效果，拉伸训练应从儿童或少年开始且贯穿一生，合理的拉伸训练能减轻甚至延缓随着年龄增长带来的运动幅度下降。

提高柔韧性最常用的方法是静态拉伸，静态拉伸是用缓慢的动作持续进行的牵拉，并且要保持15～30秒，在肌肉放松的同时进行拉伸。因为牵拉的速度很慢，所以不会产生牵拉反射。要注意静态拉伸的时间一般不要低于15秒，不超过30秒。练习时间保持在30～60秒时，不会提高柔韧性。初学者在练习时很难保持30秒，这时可以持续15～20秒，在柔韧性有所提高后，再逐渐增加持续时间。拉伸的部位一般分为颈部、躯干（肩部、胸部、背部）、上肢和下肢，可根据训练情况和运动员的自我感觉来重点拉伸相关部位。

（一）动态拉伸方法

1. 手臂环绕

拉伸肌群：拉伸三角肌、背阔肌、胸大肌。

拉伸方法：双臂置于体侧，经侧上方、头部，从体前回到原来位置；环绕时肘关节始终伸直，只能让肩部运动。

拉伸要求：环绕时，肩关节的运动幅度要保持在舒适的范围内。

2. 抱膝走

拉伸肌群：拉伸臀大肌、腘绳肌。

拉伸方法：呈站立姿势，左脚向前迈步，右腿屈膝抬起，并用双手抱住右膝贴近胸部，双手握住膝关节前方，用尽力量使膝关节靠近胸部；停顿片刻后，右脚着地，换左腿继续练习。

拉伸要求：使上身保持直立，不得前倾。每次抬膝的幅度都要有所增大。

3. 提踝走

拉伸肌群：拉伸臀大肌、梨状肌。

拉伸方法：直立，向前行进，左腿支撑，左手提右踝向上用力，同时右手向下按压大腿；稍停，然后右脚迈步着地，交替重心腿，换左腿重复以上动作。

拉伸要求：保持上身直立，不得前倾。每次提踝的幅度都要有所增大。

4. 弓步走

拉伸肌群：拉伸臀大肌、腘绳肌、梨状肌、股直肌、髂腰肌。

拉伸方法：双手交叉，置于背后；左脚向前迈一大步，左脚脚尖超前；保持重心恰好在左右脚之间，使上体保持挺直；通过伸展左髋使身体重心下移推地；左腿伸直，向前抬起右脚；停顿片刻，站起后，右脚向前迈出一大步，两脚交替弓步走。

拉伸要求：整个过程中身体控制平稳，上身不得前倾，后腿膝关节不得触地，双眼平视前方。

5. 反弓步走

拉伸肌群：拉伸臀大肌、股后肌群、股直肌、髂腰肌。

拉伸方法：双手紧握放于脑后；从站立位开始，右脚向后迈一大步；屈左膝，直到左膝位于左脚上方；轻轻弯曲右膝，使之刚好离开地面，双脚脚尖都应朝前；保持上身挺直。当跨步到达最低点时，稍做停顿，然后左腿重复同样的动作，每跨出一步之后都要回到原来的位置。

拉伸要求：整个动作过程中控制身体保持平稳，上身不得前倾，前腿的膝盖不能超过前面的脚趾，后腿膝关节不得触地，双眼平视前方。

6. 侧弓步走

拉伸肌群：拉伸臀大肌、腘绳肌、股直肌、髂腰肌、髋部内收肌。

拉伸方法：双手交叉放于头后；右脚向右迈出一大步；左腿伸直，屈右腿至膝关节位于右脚正上方，臀部中心随之右移；保持上体挺直，停顿片刻后站起，换方向重复练习。

拉伸要求：整个动作过程中身体控制平稳，上体不得前倾，前腿膝关节不得超越前脚脚趾；后腿膝关节不得触地；双眼平视前方。

7. 弓步压肘

拉伸肌群：拉伸臀大肌、腘绳肌。

拉伸方法：直立，双脚平行，同肩宽；左脚向前迈出一大步，脚平放于地面，脚尖指向正前方；慢慢屈左髋、左膝，保持左膝位于左脚正上方；微屈右膝，降低至离地3～5厘米，脚尖向前；上身前倾，左臂向前并用左肘触及左脚脚背内侧，右手可以放于地面保持平衡；回到直立位，以左髋、左膝用力伸展推地；左腿伸直，抬起右脚，不要颤动；直立，稍停，然后右脚迈步着地，重复以上动作。

拉伸要求：在稳定的身体控制下逐渐加大动作幅度。

8. 跨栏走

拉伸肌群：拉伸臀大肌、髋部外展肌群。

拉伸方法：设想有两列跨栏架在自己的左右两侧正前方，顺序是右侧有一个，不远处左侧又有一个，按照这种顺序摆成两列，跨栏架高约90厘米；从站立位置开始，屈右髋、右膝，推至大腿与地面平行；让右膝在前，膝关节位于栏架的正上方；保持这一姿势片刻后，右脚着地，换左脚继续练习。

拉伸要求：靠大腿外展跨栏，让膝关节领先。

9. 虫爬

拉伸肌群：拉伸竖脊肌、臀大肌、腘绳肌、腓肠肌、比目鱼肌、胫骨前肌。

拉伸方法：直立，双脚间距与肩同宽；慢慢屈膝、屈髋，身体向前下方移动，双手同肩宽平放于地面，臀部上提，身体呈倒"V"字；交替移动双手向前（像用手走小步一样），直到身体呈俯卧撑姿势；双腿向双手的位置小步挪动。

拉伸要求：动作过程中躯干和髋部不得旋转。

（二）静态拉伸方法

1. 头颈侧转

拉伸肌群：拉伸胸锁乳突肌。

拉伸方法：直立或坐姿，头颈挺直；中等用力向心收缩，使头转向右侧；中等用力向心收缩，使头转向左侧。

拉伸要求：躯干保持挺直，不随颈部移动。

2. 颈部屈伸

拉伸肌群：拉伸胸锁乳突肌、枕骨下肌、颈夹肌。

拉伸方法：直立或坐姿，头颈挺直，曲颈收下颌向胸；如果下颌触及胸，尽量让下颌向下；伸颈，头尽量向背靠拢。

拉伸要求：躯干保持挺直，不随颈部移动。

3. 背后直臂上拉

拉伸肌群：拉伸三角肌前束、胸大肌。

拉伸方法：直立，双臂置于背后；双手手指交叉合掌；充分伸直肘关节；缓慢向上抬臂，保持肘关节伸直。

拉伸要求：保持头部挺直、颈部放松。

4. 坐姿后仰

拉伸肌群：拉伸三角肌前束、胸大肌等肩关节肌群。

拉伸方法：双腿伸直坐立，双臂伸展，手掌于臀后30厘米处撑地；手指指向后方；双手向后滑动，上体向后倾。

拉伸要求：双手向后慢速滑动，同时躯干保持挺直。

5. 直臂扩胸

拉伸肌群：拉伸胸大肌、三角肌前束、肱二头肌、背阔肌、下斜方肌。

拉伸方法：跪姿俯卧，手臂放在瑞士球上，拇指方向朝前（前臂旋后），肘关节伸直，以前臂为发力点。

拉伸要求：颈椎伸直使锁骨保持中立位，最好有人协助使前额向后。

6. 坐姿屈肘背后侧拉

拉伸肌群：拉伸左胸大肌、三角肌前束和中束；拉伸左前锯肌、肩胛提肌、胸小肌、冈上肌、喙肱肌。右侧拉伸肌群与左侧相同。

拉伸方法：坐于垫上，左臂屈肘呈90°放在背后，右手握住左肘，向右向上牵拉。右侧拉伸肌群与左侧相同。

拉伸要求：当柔韧性不足以握住左肘时，可握住左腕向右牵拉，同时向上牵拉，胸部保持直立。当以站姿练习时，站立时双手在身后，必须保持身体平衡。

7. 直臂水平侧拉

拉伸肌群：拉伸三角肌后束和中束、背阔肌、肱三头肌、斜方肌中束、菱形肌、大圆肌、小圆肌、冈上肌、前锯肌。

拉伸方法：右臂伸直，水平内收，躯干向右侧旋转。

拉伸要求：假如左臂再用力外展，能更好牵拉前锯肌，但对菱形肌牵拉就会减弱。

8. 直臂压肩

拉伸肌群：拉伸三角肌后束、斜方肌中束、肱三头肌、大圆肌、菱形肌、冈下肌、背阔肌、小圆肌、冈上肌、前锯肌。

拉伸方法：跪姿，双臂前伸，直臂放在瑞士球上，拇指向上，前臂旋后。

拉伸要求：胸部伸直，不能弯曲，躯干向两侧方向旋转可以提高牵拉强度。

9. 背后外拉肩胛骨内侧缘

拉伸肌群：主要拉伸菱形肌、三角肌后束；其次是冈上肌、前锯肌。

拉伸方法：右侧卧，右手放在背后，拇指向上，前臂旋后，躯干向右侧旋转。

拉伸要求：胸部前屈可以提高牵拉强度。

10. 坐姿屈膝挺胸拉肩

拉伸肌群：拉伸三角肌前束、胸大肌、肱二头肌、前锯肌、大圆肌、小圆肌、胸小肌。

拉伸方法：背靠瑞士球坐于垫上，双肩直臂后伸双手扶于瑞士球上，屈膝挺髋，双手按压瑞士球。

拉伸要求：保持上体挺直。

11. 跪姿屈肘压肩

拉伸肌群：拉伸肱三头肌、背阔肌、大小圆肌、三角肌后束。

拉伸方法：面对瑞士球跪立，上臂外展呈180°，右臂屈肘，左手抓住右手腕，将右肘放在瑞士球上，躯干向下压肩。

拉伸要求：臀部坐于脚上，躯干尽可能向下压肩。

12. 跪姿牵拉前臂肌群

拉伸肌群：拉伸前臂各肌肉群。

拉伸方法：跪在柔软的垫子上，肘关节伸直，随着手指指向前后侧以及手腕背伸或背屈，可以有6种牵拉姿势。

拉伸要求：根据不同姿势，躯干向前反向牵拉可以提高牵拉强度。

13. 胸前横臂

拉伸肌群：拉伸背阔肌、大圆肌等上背部肌群。

拉伸方法：直立或坐姿，左肘微屈，横于胸前，肩水平内收；右手置于左上臂后面，抓住肘关节上部；右臂向右拉左臂。

拉伸要求：保持躯干挺直，不随动作发生旋转。

14. 坐姿转体

拉伸肌群：拉伸颈内斜肌、腹外斜肌、腹内斜肌、颈外斜肌、梨状肌、竖脊肌等下腰背肌和侧腹肌。

拉伸方法：双腿伸直，上体垂直地面，将右脚放于左膝的左侧；将左肘的后部置于右膝右侧，此时右膝处于屈曲状；右掌撑地，置于臀后30～40厘米处；左肘发力推动右膝向左，同时尽力向右转肩、转头，尽量向背后看。

拉伸要求：躯干要随着颈部一起旋转至最大幅度。

15. 坐姿屈体

拉伸肌群：拉伸下腰背肌。

拉伸方法：腿部放松坐立，屈膝30°～50°；膝部朝外，膝侧可不触地；身体自腰部向前靠，双手直臂前伸。

拉伸要求：膝要屈，腿要松，以便减少大腿后部的张力，增大对腰部的拉伸。

16. 直臂体侧屈

拉伸肌群：拉伸腹外斜肌、背阔肌、前锯肌等腹外斜肌和上背肌群。

拉伸方法：两脚平行分开40厘米站立；手指相扣外翻，掌心向外；伸直手臂向上。

拉伸要求：保持手臂伸直，身体（腰部）向左侧屈，膝关节要伸直。

17. 屈臂体侧屈

拉伸肌群：拉伸腹外斜肌、背阔肌、前锯肌、肱三头肌等肌群。

拉伸方法：两脚平行分开40厘米站立；右肘屈，举过头顶；右手向下触左肩；左手抓住右肘，在头后拉右肘。

拉伸要求：保持屈臂，向左屈体（腰部），不要屈膝。

18. 仰卧屈膝转髋

拉伸肌群：首先拉伸棘间肌、回旋肌、多裂肌、阔筋膜张肌、髂腰肌；其次拉伸腹直肌。

拉伸方法：仰卧，右腿屈膝在左腿上方交叉，两臂自然伸直，右肩着地，躯干和右腿反方向旋转。当采用被动拉伸时，同伴保持跪姿，一手按住运动员的右肩部于地面，另一手缓慢前推髋部。

拉伸要求：右腿伸直可以提高牵拉强度；被拉伸侧的肩部不可离开地面；采用被动拉伸时，使用PNF技术效果更好。

19. 俯卧背伸

拉伸肌群：首先拉伸腹直肌、腹内外斜肌；其次拉伸腰方肌、腰大肌、髂肌、回旋肌、半棘肌。

拉伸方法：俯卧在垫子上，两手掌朝下，手指指向髋部前方，并且支撑躯干背身。缓慢下腰、收臀，继续将腰、头和胸抬离地面。或仰卧在瑞士球上，两脚撑地，上臂自然伸展，将背部压在瑞士球上。

拉伸要求：对于腹肌薄弱的人，腰椎背伸是危险动作，对椎间盘突出或滑椎等属于禁忌证，应采用最小幅度牵拉。

20. 侧卧球体顶髋

拉伸肌群：首先拉伸腹内外斜肌、回旋肌；其次拉伸腰方肌、回旋肌、胸棘肌、股后肌群。

拉伸方法：侧卧于瑞士球上，双脚固定撑地，双手抱头，身体侧弯。

拉伸要求：双脚必须固定好，可以在髋骨下垫上软垫子，保持腰椎直立，以免减弱牵拉强度。

第三章

高中生体能测试的 具体内容

第一节　人体形态的测试

人体形态相关指标，是测量与评价人体外部特征的主要指标。身体形态指标不仅能够反映人体的外部特征，它还是评价人体体质状况与健康水平的重要指标，甚至在一定程度上能够对某些疾病起到预测作用，引起学术界的广泛关注。人体形态测量的主要指标如下。

一、体格的测试

体格，一般来说是指身体各环节的质量、围度、厚度、长度、宽度等。体格指标的测量在运动训练领域、体质评价领域、健康促进领域、运动医学领域、运动生物力学领域、临床医学领域、康复医学以及航空医学等许多领域都有广泛的开展。在体格测量的评价体系中，往往把两个或两个以上的指标按一定方式进行计算，从而形成一个新指标，这种新的指标被称作派生指标。在体格测量与评价中，派生指标可以较好地反映各指标之间的相对关系。

（一）身体长度相关测量指标

1. 身高的测量指标

身高是反映身体发育情况的主要指标之一。身高的测量有多种方法，测量工具有身高测量仪、身高测量墙贴、直尺、卷尺、直角尺等。在对人体进行身高测量时，要求受试者脱去鞋袜，赤脚，以立正姿势站立于身高测量仪的底板上，足跟、臀部和背部与立柱紧密相贴，身体直立，双眼平视前方，头部挺直，被测量者耳屏上缘应与眼眶下缘最低点在同一水平线上。测试人员移动身高测量仪的水平板至受试者的头顶，注意松紧适宜，即可测出身高。注意读数时，测量者两眼应与水平板齐平，一般以厘米为单位，小数点后保留两位记录数据。身高的测量应该每次均在相同时间，使用同一仪器，身高测量仪应该放置水平，以免出现误差。

2. 坐高的测量指标

坐高，是指人体坐立位时从头顶至坐骨结节最低点平面之间的垂直距离，一般用头顶到椅面的距离表示，它反映人体上半身的长度，并非躯干长度。躯干长度不是胸骨上点至耻骨联合点的距离，因为耻骨是髋骨的组成部分，而髋骨属于下肢带骨，并非躯干骨。因此，严格来说躯干长度应该是指胸骨最高点至尾骨尖的直线距离。但由于躯干长度测量不便，因此往往用坐高来间接反映躯干发育情况。躯干部分有胸腔和腹腔，人体内脏器官大部分位于两腔之中，因此通过坐高的测量也可以间接反映内脏器官的发育程度。

在测量坐高时，被测者坐于坐高测量仪的凳面（椅面），双腿并拢，大腿与地面平行，髋关节、膝关节均呈90°角，躯干直立，肩胛部、骶部与立柱相贴，头部处于法兰克福平面（即眼耳平面），上肢无支撑，自然下垂。读数时，测试者应两眼平视。

（二）身体宽度、厚度相关测量指标

1. 肩宽的测量指标

肩宽，是指左右两侧肩峰之间的直线距离。肩部较宽有利于肩带肌力量的发展。在青春期，男生肩宽增长的高峰期每年大约是1.6厘米，而女生大约是1.3厘米。由于男生肩宽增长速度快且持续时间长，因此成年后男性与女性的肩宽存在性别差异，男性肩宽一般比女性大。

我国18～25岁男性肩宽约38.6厘米，同年龄段女性肩宽约35厘米。因此男性的肩部力量比女性强。在体育运动项目中，引体向上项目对上肢力量要求较高，女子很难完成，因此没有女子引体向上测试项目。

在进行肩宽测量时，要求被测者两脚自然分开，与肩同宽，身体直立，两臂下垂，肩部放松。测试人员可以沿着肩胛骨的肩胛冈向肩的外上方触摸，肩胛冈末端外侧缘即为肩峰，然后用马丁尺或测径规测量两侧肩峰之间的直线距离。

2. 骨盆宽的测量指标

骨盆宽是指两侧髂前上棘之间的直线距离。在青春期之前，男孩和女孩在骨盆宽方面差异较小，青春期末，女性骨盆宽和男性仍然接近。城市男孩与女孩的骨盆宽在20岁时分别约为27.12厘米和27.11厘米。青春期前男女肩宽与骨盆

宽差异较小，青春期末，女性肩宽明显不如男性，但骨盆宽与男性接近。

我国城市女生20岁时肩宽平均为34.85厘米，男生平均为38.46厘米；而女性骨盆宽平均为27.11厘米，男性平均为27.12厘米；由于青春期男性肩宽发展较快，女性肩宽发展较慢，因此最终男生会形成肩部较宽、髋部相对较窄的男性体型，女孩最终形成肩部较窄、骨盆较宽、臀部丰满的女性体态。肩部较宽，骨盆较窄，会呈现出"倒三角"形，这样的体态比较优美，一般认为，这种体型有利于运动。

3. 胸廓的左右径与前后径

人类的胸廓，左右径大而前后径小。胸廓左右径和前后径之比一般为4∶3。若青少年胸廓左右径和前后径之比接近于1∶1，从水平切面来看，近似于圆形，从立体来看，整个胸廓呈桶状，这种胸廓形态被称为桶状胸。若胸廓左右径小于前后径，则类似于家禽中鸡的胸廓，称为鸡胸。

鸡胸和桶状胸均属于异常胸廓形态，在儿童期多见，胸廓外观畸形，形态不雅观。部分青少年甚至出现胸廓容积缩小、肺部发育不良的情况，且容易患呼吸系统疾病，运动耐力相对较差，容易疲劳。胸廓形态的测量一般采用测径规或马丁尺，分别在胸廓两侧最宽处和胸廓前后进行测量。

（三）身体围度相关测量指标

1. 臂围的测量指标

臂围测量包括上臂围的测量和前臂围的测量。上臂围的测量又包括上臂放松围和上臂紧张围的测量。上臂紧张围是指在上臂肌肉用力收缩的情况下，测得的上臂围度；上臂放松围是指在上臂放松的情况下测得的上臂围度。

一般来说上臂的紧张围与肩臂肌肉力量呈正相关。上臂紧张围和上臂放松围的差值越大，往往肌肉力量也相对越大。上臂围采用皮尺在肱二头肌中点进行测量，即上臂最粗处，肱二头肌收缩时测得紧张围，放松时测得放松围。前臂围则在前臂上部最粗处进行测量。

2. 胸围的测量指标

胸围是衡量身体发育情况的一个代表性指标，可以反映胸廓、胸部肌肉、呼吸系统及女性乳房的发育情况。胸围的大小受性别、年龄、体育锻炼、生活方式、营养条件、劳动等多种因素影响。呼吸差是深吸气末胸围与深呼气末胸围之差，能够在一定程度上反映呼吸功能的强弱。

测量胸围时要求被测者身体直立，两臂自然下垂，肌肉放松，测试者把皮尺上缘置于背部肩胛下角，并绕至前方，整个皮尺在同一水平面上即可；或将皮尺下缘置于乳房未发育女性及男性乳头上缘；对于乳房已发育女性，则将皮尺下缘置于乳头上方第四胸肋关节处。应在受试者平静状态下读取数值，即呼气之末、吸气未始。

3. 腰围的测量指标

腰围是指经脐部中心的腰部水平围度。腰围能够反映腹部皮下脂肪的厚度、腹腔及内脏气管脂肪量的多少及营养情况，同时也是评价人体体型的重要参考，并常被用于评价健康状况和健康风险。腰围每增加10厘米，死亡风险便会增加11%；而腰臀比每增加0.1个单位，死亡风险会增加20%。这两种关联性在女性中表现的更强。

体脂分布与性别有关，雌激素会增加脂肪在大腿和臀部的储存，减少脂肪在腹部的储存。因此一般来说，在相同身高水平下，男性的腰往往会更粗，而女性则是臀围更大、大腿更粗。腰围的测量一般采用软尺置于脐部中心，皮尺水平，所测得的围度即为腰围。读数应该在呼气之末、吸气未开始时。

4. 臀围的测量指标

臀围是臀部向后突出最高点处的水平围度，它反映髋部骨骼、肌肉的发育情况以及脂肪的囤积情况。雌激素会增加脂肪在臀部和大腿的囤积，因此女性臀围往往较大。所储存的脂肪中包含了DHA，而DHA对胎儿大脑的发育有重要作用，因此对后代的认知能力有较好影响。

测量臀围时要求被测者身体直立，两腿并拢，手臂自然下垂，皮尺经前方的耻骨联合绕至后方臀大肌最高点处，测得臀围。注意皮尺一定要水平放置。

（四）体重的测量指标

体重即身体的重量。体重是人体全身所有骨骼、肌肉、内脏、皮肤、组织、细胞的重量之和。青少年体重的增加除了与骨骼的发育密切相关外，还与肌肉、内脏、脂肪的增加有关。

体重适当是健康的标志之一。体重过小表明营养不良，会导致免疫低下、溃疡、眩晕、厌食，女性不孕不育、月经不调，老年人还会出现骨质疏松症状；体重过大，则会导致心脏病、糖尿病、动脉粥样硬化、脂肪肝、胆结石、水肿、痛风等多种疾病的发生，还会引起关节软组织损伤、生殖能力下降。

体重常常与其他指标一起形成派生指标。如BMI即体重指数，是用体重数除以身高的平方得出的数字，BMI小于18.5就表明过轻，BMI在18.5～24.9之间属正常，超过25为超重，超过30为肥胖。体重的测量一般采用体重计、身高体重计、杠杆秤等。

二、身体成分的测试

身体成分，是指体内各种成分的含量比例。人身体的总重量可以分为脂肪重量和非脂肪重量（即去脂体重）。脂肪重量占身体总重量的百分比叫作体脂百分比。

去脂体重又包括骨骼重量、肌肉重量、身体内的水分重量等。而体内的水分又包括细胞内液和细胞外液。在评价体质健康时不能仅看体重是否超标，还要看体脂百分比。"身体成分评价是指体内各种成分的含量，常用各种物质的组成和比例表示。"[1]

（一）身体成分测量方法

1. 水下称重法

水下称重法是一种通过水下称重对身体比重和密度进行测量，并推算出身体脂肪重量和去脂体重的方法。这一测量方法比较准确合理，并常被用来检验其他测量方法的有效性。人体由多种组织构成，且每种组织所占比例不同，因此不同个体的身体密度就不同。当人体浸于水中时所排出的水就是人体体积，因此结合体重就可以计算出人体的密度，根据密度即可推算出体脂百分比。

2. 皮褶厚度法

采用皮褶厚度法测量身体成分需要使用的仪器是皮褶厚度计。要求受试者身体直立，全身放松，露出被测部位，测试者左手食指和拇指相对用力将测试部位的皮褶捏起，右手持皮褶厚度计并张开卡钳，卡住被捏起部位下方约1厘米处，待指针停止后立即记录读数，为了减少测量误差可以测试3次取中间值或两次相同值。并将数据代入公式或查表得出体脂百分比，计算出身体的体脂含量。常用的测试部位包括肩胛下角、肱三头肌中点、脐水平线与锁骨中线相交处、髂嵴上缘与腋中线相交处。

---

① 江崇民，张一民.身体成分测量与评价的理论和方法［J］.体育科研，2008，29（1）：1.

3. 双能量X射线吸收法

光子在穿透人体不同组织时会存在不同程度的衰减，例如光子通过脂肪组织和骨组织时的衰减程度是不同的。因此该方法采用两种能透过身体的不同能量光子，在通过身体不同组织时，记录两种光子的能量衰减程度，从而推算出身体各种组织的含量。

4. 生物电阻抗法

人体脂肪和非脂肪组织的电阻不同、导电性不同。利用体表电极向被测者体内输入微量的单频率或多频率的电流，当电流通过身体的脂肪组织与非脂肪组织时电阻存在差异，通过测量电流计算电阻，从而推算出身体的脂肪含量和体脂百分比。这个过程相对复杂，很难手工测量，因此往往采用生物电阻抗身体成分分析仪进行测试。

（二）身体成分评价指数

1. 身体质量指数

身体质量指数即BMI，是国际上常用的评价身体成分、人体胖瘦程度和是否健康的指标。身体质量指数BMI=体重（千克）/身高的平方（米）。

一般来说成人BMI小于18.5为过轻，BMI在18.5～24.9之间属正常，超过25为超重，超过28为肥胖。儿童青少年BMI在15～18之间为正常，BMI在19～21之间为超重，大于22为肥胖。

2. 体脂百分比

一般来说成人的体脂百分比，男性在6%～18%之间，女性在10%～20%之间，男性体脂百分比大于25%、女性体脂百分比大于30%即为肥胖。

三、身体姿态的测试

身体姿态，是身体环节在立体空间中相对位置的集合，简称体态。从解剖学角度来说，身体姿态需要骨骼、关节、肌肉，甚至结缔组织系统（包括肌腱、韧带、肌膜）等之间的相助协作。因此身体姿态能够在一定程度上反映骨骼、关节、肌肉之间的力学关系，并关系到对脏器的影响以及神经系统的调节作用。身体姿态的测量与评价包括脊柱、胸廓、腿型、足型的检查。

（一）脊柱的测量

人体的脊柱由7块颈椎、12块胸椎、5块腰椎、1块骶骨、1块尾骨构成，位于背部正中。人体的脊柱从正前方和正后方看，均在一条直线上。从侧面看，人体的脊柱呈现S型的生理弯曲。其中颈曲向前，胸曲向后，腰曲向前，骶曲向后。人体正常直立时，脊柱左右肌肉力量均等，呈平衡状态。脊柱是躯干的重要组成部分，能够保护胸腔、腹腔内的脏器，保护椎管内的脊髓。脊柱可以进行屈伸、侧屈、环转等运动。在体育运动中脊柱还有维持平衡、承担负荷、缓冲震荡的作用。人们要注意良好身体姿态的养成，如果经常处于不良的身体姿态，就容易引起脊柱的变形甚至畸形发育，比如驼背、脊柱侧弯等，会影响身体形态美，导致颈部、背部、腰部肌肉劳损，胸廓变形，甚至出现腰椎间盘突出、神经痛等症状。

1. 测量脊柱前后位曲度

（1）传统脊柱形态测量法。传统的脊柱弯曲度测量一般采用脊柱曲度测量仪，要求受试者站于"脊柱曲度测量仪"的踏板上，身体自然直立，背部紧靠测量仪立柱，测试人员推动测量仪上的小棍向前，使之与受试者脊柱相接触，此时通过读取小棍上的刻度即可了解颈曲和腰曲的大小。

脊柱正常时，测试者头部竖直，耳、肩峰、股骨大转子、外踝尖呈一条直线。如果头部前倾、耳朵向前偏离肩峰，腰曲小于2厘米，则可判定为驼背；如果胸曲和腰曲消失，耳向后偏离肩峰垂线，则可判定为直背；如果头部向后，耳向后偏离肩蜂垂线，腰曲大于5厘米，则可以判定为鞍背。

（2）简易手工检查法。要求受试者靠墙站立，测试者手掌尝试穿过颈曲和腰曲，若均能穿过，但半握拳时不能穿过，则为正常脊柱；若测试者手掌均不能穿过颈曲和腰曲则为直背；测试者半握拳能够穿过颈曲则为驼背；测试者半握拳能够穿过腰曲为鞍背。

2. 脊柱侧弯检查

人体正常的脊柱形态应该是在一条直线上，因此从背后观察整个躯干应是两侧对称状态。两个肩胛下角在一条水平线，两侧肩峰在一条水平线，两个肩胛冈呈对称分布，两侧骨盆的髂嵴对称分布。

脊柱侧弯的检查一般采用重锤法，即先用手指在脊柱的棘突顶端自上而下适度用力下划，使脊柱后方出现一条红线，再用一垂线置于脊柱后方进行对比，观察棘突偏离重垂线的情况。如果脊柱偏离重垂线，则用直尺或卡尺测量最大偏离距离，如果脊柱偏离重垂线0.5厘米，则可诊断为脊柱侧弯；如果脊柱整体向一侧弯曲则为"C"型侧弯；如果脊柱向两侧弯曲则为"S"形侧弯。

（二）胸廓的测量

胸廓由12块胸椎、24根肋骨和1块胸骨构成。胸廓的功能主要有呼吸运动和保护胸腔内的脏器，对人的呼吸功能尤为重要。胸廓的形态主要由胸廓的左右径与前后径决定。正常人类的胸廓，左右径与前后径之比大约为4:3。

除了正常的胸廓形态之外，异常的胸廓形态有四种，即桶状胸、鸡胸、漏斗胸、不对称胸。若胸廓的左右径与前后径大约相等则为桶状胸；左右径小于前后径则为鸡胸，表现为胸骨向前凸出；若胸部中央凹陷，则为漏斗胸；若胸廓左右不对称，则为不对称胸，主要是脊柱侧弯所致。这四种异常胸廓发育形态除了影响美观之外，还会影响青少年的身体姿态和运动能力，严重的还会影响呼吸功能，甚至经常出现肺部及呼吸道炎症。

（三）腿型的测量

人类的正常腿型左右对称，双腿在一条直线上，呈现出良好形态。正常腿型不仅美观，而且有利于青少年下肢力量的发展，有利于形成较好的运动能力，进而保持青少年良好的运动习惯，达到体质改善的目的，使人有良好的体质和生活质量。婴幼儿时期姿势不当、营养不良、过度负重、佝偻病、小儿麻痹症、不健康的生活方式等都可能导致下肢的发育异常。

腿型检查可以采用直尺、测距规、游标卡尺或皮尺。要求受试者除去鞋袜，身体自然直立，双腿并拢，测试者立于受试者的正面，观察受试者双膝和双足的并拢情况。若两腿并拢，双足、双膝均能合拢，则表明腿型正常。若两腿并拢之后，双足或双膝不能合拢，则需进一步测量两足或两膝间距。异常腿型包括O型腿、X型腿、K型腿等。若两足能合拢，但两膝间距超过1.5厘米，则为O型腿；若两膝能合拢，但两足间距超过1.5厘米，则为X型腿；在此基础上，若一条腿是直的，而另一条腿膝关节外翻，则为K型腿。

（四）足型的测量

足型检查主要指对足弓高度进行测量。正常的足型对维持良好的身体姿态、减轻足底压力、体育运动时的落地缓冲等均有重要作用。如果足弓高度低于正常水平，甚至消失，则会形成扁平足。由于失去了缓冲作用，足底压力增大，长时间走路或运动会导致足底疼痛，也会影响人体的运动能力。

第一，足型检查的最常用方法为印迹法。主要步骤包括：①提前几天将白纸在10%亚铁氰化钾溶液里浸透，并晾干；②在一盆内铺上脱脂棉，再将10%三氯化铁溶液倒进盆内，使之浸透；③要求受试青少年脱去鞋袜，在盆内脱脂棉上踩一下，要求足底完全浸湿；④在预先准备好的白纸上留下完整足印（要求一次印成，不可移动）。

第二，根据足印对足型进行评价，一般可以分为四种：①足印内侧弓在第二线右侧，为正常足弓；②足印内侧弓在第二线附近，为轻度扁平足；③足印内侧弓在第二线左侧，在第一线右侧，为中度扁平足；④足印内侧弓达到或越过第一线（在第一线左侧），为重度扁平足。

第二节　国家学生体质健康标准测试

《国家学生体质健康标准》是国家学校教育工作的基础性指导文件和教育质量基本标准，是评价学生综合素质、评估学校工作和衡量各地教育发展的重要依据，是《国家体育锻炼标准》在学校的具体实施，适用于全日制普通小学、初中、普通高中、中等职业学校、普通高等学校的学生。

本标准从身体形态、身体机能和身体素质等方面综合评定学生的体质健康水平，是促进学生体质健康发展、激励学生积极进行身体锻炼的教育手段，是国家学生发展核心素养体系和学业质量标准的重要组成部分，是学生体质健康的个体评价标准。

一、《国家学生体质健康标准》测试的项目

高中生参与测试项目包括身体形态类的身高、体重，身体机能类的视力、肺活量，以及身体素质类的50米跑、坐位体前屈、立定跳远、引体向上（男生）/仰卧起坐（女生）、1000米跑（男生）/800米跑（女生）。

（一）测试项目指标与权重

表3-2-1　高中各年级单项指标及权重

测试对象	单项指标	权重（%）
高中各年级	体重指数（BMI）	15
	肺活量	15
	50米跑	20
	坐位体前屈	10

续 表

测试对象	单项指标	权重（%）
高中各年级	立定跳远	10
	引体向上（男）/1分钟仰卧起坐（女）	10
	1000米跑（男）/800米跑（女）	20

注：体重指数（BMI）=体重（千克）/身高²（米²）。

（二）单项指标评分标准

表3-2-2　男生体重指数（BMI）单项评分表（单位：千克/米²）

等级	单项得分	高一年级	高二年级	高三年级
正常	100	16.5～23.2	16.8～23.7	17.3～23.8
低体重	80	≤16.4	≤16.7	≤17.2
超重		23.3～26.3	23.8～26.5	23.9～27.3
肥胖	60	≥26.4	≥26.6	≥27.4

表3-2-3　女生体重指数（BMI）单项评分表（单位：千克/米²）

等级	单项得分	高一年级	高二年级	高三年级
正常	100	16.5～22.7	16.9～23.2	17.1～23.3
低体重	80	≤16.4	≤16.8	≤17.0
超重		22.8～25.2	23.3～25.4	23.4～25.7
肥胖	60	≥25.3	≥25.5	≥25.8

表3-2-4　男生肺活量单项评分表（单位：毫升）

等级	单项得分	高一年级	高二年级	高三年级
优秀	100	4540	4740	4940
	95	4420	4620	4820
	90	4300	4500	4700
良好	85	4050	4250	4450
	80	3800	4000	4200
及格	78	3680	3800	4080

等级	单项得分	高一年级	高二年级	高三年级
及格	76	3560	3760	3960
	74	3440	3640	3840
	72	3320	3520	3720
	70	3200	3400	3600
	68	3080	3280	3480
	66	2960	3160	3360
	64	2840	3040	3240
	62	2720	2920	3120
	60	2600	2800	3000
不及格	50	2470	2660	2850
	40	2340	2520	2700
	30	2210	2380	2550
	20	2080	2240	2400
	10	1950	2100	2250

表3-2-5　女生肺活量单项评分表（单位：毫升）

等级	单项得分	高一年级	高二年级	高三年级
优秀	100	3150	3250	3350
	95	3100	3200	3300
	90	3050	3150	3250
良好	85	2900	3000	3100
	80	2750	2850	2950
及格	78	2650	2750	2850
	76	2550	2650	2750
	74	2450	2550	2650
	72	2350	2450	2550
	70	2250	2350	2450
	68	2150	2250	2350

等级	单项得分	高一年级	高二年级	高三年级
及格	66	2050	2150	2250
	64	1950	2050	2150
	62	1850	1950	2050
	60	1750	1850	1950
不及格	50	1710	1810	1910
	40	1670	1770	1870
	30	1630	1730	1830
	20	1590	1690	1790
	10	1550	1650	1750

表3-2-6　男生50米跑单项评分表（单位：秒）

等级	单项得分	高一年级	高二年级	高三年级
优秀	100	7.1	7.0	6.8
	95	7.2	7.1	6.9
	90	7.3	7.2	7.0
良好	85	7.4	7.3	7.1
	80	7.5	7.4	7.2
及格	78	7.7	7.6	7.4
	76	7.9	7.8	7.6
	74	8.1	8.0	7.8
	72	8.3	8.2	8.0
	70	8.5	8.4	8.2
	68	8.7	8.6	8.4
	66	8.9	8.8	8.6
	64	9.1	9.0	8.8
	62	9.3	9.2	9.0
	60	9.5	9.4	9.2

续 表

等级	单项得分	高一年级	高二年级	高三年级
不及格	50	9.7	9.6	9.4
	40	9.9	9.8	9.6
	30	10.1	10.0	9.8
	20	10.3	10.2	10.0
	10	10.5	10.4	10.2

表3-2-7 女生50米跑单项评分表（单位：秒）

等级	单项得分	高一年级	高二年级	高三年级
优秀	100	7.8	7.7	7.6
	95	7.9	7.8	7.7
	90	8.0	7.9	7.8
良好	85	8.3	8.2	8.1
	80	8.6	8.5	8.4
及格	78	8.8	8.7	8.6
	76	9.0	8.9	8.8
	74	9.2	9.1	9.0
	72	9.4	9.3	9.2
	70	9.6	9.5	9.4
	68	9.8	9.7	9.6
	66	10.0	9.9	9.8
	64	10.2	10.1	10.0
	62	10.4	10.3	10.2
	60	10.6	10.5	10.4
不及格	50	10.8	10.7	10.6
	40	11.0	10.9	10.8
	30	11.2	11.1	11.0
	20	11.4	11.3	11.2
	10	11.6	11.5	11.4

表3-2-8　男生坐位体前屈单项评分表（单位：厘米）

等级	单项得分	高一年级	高二年级	高三年级
优秀	100	23.6	24.3	24.6
	95	21.5	22.4	22.8
	90	19.4	20.5	21.0
良好	85	17.2	18.3	19.1
	80	15.0	16.1	17.2
及格	78	13.6	14.7	15.8
	76	12.2	13.3	14.4
	74	10.8	11.9	13.0
	72	9.4	10.5	11.6
	70	8.0	9.1	10.2
	68	6.6	7.7	8.8
	66	5.2	6.3	7.4
	64	3.8	4.9	6.0
	62	2.4	3.5	4.6
	60	1.0	2.1	3.2
不及格	50	0.0	1.1	2.2
	40	−1.0	0.1	1.2
	30	−2.0	−0.9	0.2
	20	−3.0	−1.9	−0.8
	10	−4.0	−2.9	−1.8

表3-2-9　女生坐位体前屈单项评分表（单位：厘米）

等级	单项得分	高一年级	高二年级	高三年级
优秀	100	24.2	24.8	25.3
	95	22.5	23.1	23.6
	90	20.8	21.4	21.9
良好	85	19.1	19.7	20.2
	80	17.4	18.0	18.5

续 表

等级	单项得分	高一年级	高二年级	高三年级
及格	78	16.1	16.7	17.2
	76	14.8	15.4	15.9
	74	13.5	14.1	14.6
	72	12.2	12.8	13.3
	70	10.9	11.5	12.0
	68	9.6	10.2	10.7
	66	8.3	8.9	9.4
	64	7.0	7.6	8.1
	62	5.7	6.3	6.8
	60	4.4	5.0	5.5
不及格	50	3.6	4.2	4.7
	40	2.8	3.4	3.9
	30	2.0	2.6	3.1
	20	1.2	1.8	2.3
	10	0.4	1.0	1.5

表3-2-10 男生立定跳远单项评分表（单位：厘米）

等级	单项得分	高一年级	高二年级	高三年级
优秀	100	260	265	270
	95	255	260	265
	90	250	255	260
良好	85	243	248	253
	80	235	240	245
及格	78	231	236	241
	76	227	232	237
	74	223	228	233
	72	219	224	229
	70	215	220	225
	68	211	216	221

等级	单项得分	高一年级	高二年级	高三年级
及格	66	207	212	217
	64	203	208	213
	62	199	204	209
	60	195	200	205
不及格	50	190	195	200
	40	185	190	195
	30	180	185	190
	20	175	180	185
	10	170	175	180

表3-2-11　女生立定跳远单项评分表（单位：厘米）

等级	单项得分	高一年级	高二年级	高三年级
优秀	100	204	205	206
	95	198	199	200
	90	192	193	194
良好	85	185	186	187
	80	178	179	180
及格	78	175	176	177
	76	172	173	174
	74	169	170	171
	72	166	167	168
	70	163	164	165
	68	160	161	162
	66	157	158	159
	64	154	155	156
	62	151	152	153
	60	148	149	150

续 表

等级	单项得分	高一年级	高二年级	高三年级
不及格	50	143	144	145
	40	138	139	140
	30	133	134	135
	20	128	129	130
	10	123	124	125

表3-2-12 男生引体向上单项评分表（单位：次）

等级	单项得分	高一年级	高二年级	高三年级
优秀	100	16	17	18
	95	15	16	17
	90	14	15	16
良好	85	13	14	15
	80	12	13	14
及格	78	—	—	—
	76	11	12	13
	74	—	—	—
	72	10	11	12
	70	—	—	—
	68	9	10	11
	66	—	—	—
	64	8	9	10
	62	—	—	—
	60	7	8	9
不及格	50	6	7	8
	40	5	6	7
	30	4	5	6
	20	3	4	5
	10	2	3	4

表3-2-13　女生一分钟仰卧起坐单项评分表（单位：次）

等级	单项得分	高一年级	高二年级	高三年级
优秀	100	53	54	55
	95	51	52	53
	90	49	50	51
良好	85	46	47	48
	80	43	44	45
及格	78	41	42	43
	76	39	40	41
	74	37	38	39
	72	35	36	37
	70	33	34	35
	68	31	32	33
	66	29	30	31
	64	27	28	29
	62	25	26	27
	60	23	24	25
不及格	50	21	22	23
	40	19	20	21
	30	17	18	19
	20	15	16	17
	10	13	14	15

表3-2-14　男生1000米跑单项评分表（单位：分·秒）

等级	单项得分	高一年级	高二年级	高三年级
优秀	100	3'30"	3'25"	3'20"
	95	3'35"	3'30"	3'25"
	90	3'40"	3'35"	3'30"
良好	85	3'47"	3'42"	3'37"
	80	3'55"	3'50"	3'45"
及格	78	4'00"	3'55"	3'50"

等级	单项得分	高一年级	高二年级	高三年级
及格	76	4'05"	4'00"	3'55"
	74	4'10"	4'05"	4'00"
	72	4'15"	4'10"	4'05"
	70	4'20"	4'15"	4'10"
	68	4'25"	4'20"	4'15"
	66	4'30"	4'25"	4'20"
	64	4'35"	4'30"	4'25"
	62	4'40"	4'35"	4'30"
	60	4'45"	4'40"	4'35"
不及格	50	5'05"	5'00"	4'55"
	40	5'25"	5'20"	5'15"
	30	5'45"	5'40"	5'35"
	20	6'05"	6'00"	5'55"
	10	6'25"	6'20"	6'15"

表3-2-15 女生800米跑单项评分表（单位：分·秒）

等级	单项得分	高一年级	高二年级	高三年级
优秀	100	3'24"	3'22"	3'20"
	95	3'30"	3'28"	3'26"
	90	3'36"	3'34"	3'32"
良好	85	3'43"	3'41"	3'39"
	80	3'50"	3'48"	3'46"
及格	78	3'55"	3'53"	3'51"
	76	4'00"	3'58"	3'56"
	74	4'05"	4'03"	4'01"
	72	4'10"	4'08"	4'06"
	70	4'15"	4'13"	4'11"
	68	4'20"	4'18"	4'16"
	66	4'25"	4'23"	4'21"

续 表

等级	单项得分	高一年级	高二年级	高三年级
及格	64	4'30"	4'28"	4'26"
	62	4'35"	4'33"	4'31"
	60	4'40"	4'38"	4'36"
不及格	50	4'50"	4'48"	4'46"
	40	5'00"	4'58"	4'56"
	30	5'10"	5'08"	5'06"
	20	5'20"	5'18"	5'16"
	10	5'30"	5'28"	5'26"

二、《国家学生体质健康标准》各项指标的测试方法

在实施《国家学生体质健康标准》的过程中，掌握各项目正确的测试方法是所有体育教师和测评人员迫切需要了解的内容。测试工作必然和所使用的测试仪器有一定的关系，现在测试器材多种多样，有全手工操作的，也有电子仪器。手工操作与电子仪器的操作流程不完全相同。如使用带有IC卡芯片的测试仪器就可以减少测试人员的记录和计算工作。但无论使用何种仪器，对测试人员的基本的操作要求是一致的，对于不同的测试器材，可参考相应测试器材的说明书。

（一）身高、体重

身高、体重是反映学生生长发育水平的常用指标，身高、体重配合测量，可以有效地评价学生身体的匀称度与营养状况。

测试目的：评定学生的身体匀称度，评价学生生长发育水平及营养状况。

测试方法：受试者赤足，呈立正姿势站在身高体重计的底板上（上肢自然下垂，足跟并拢，足尖分开约呈60°角）。

要求：足跟、骶骨部及两肩胛区与立柱相接触，躯干自然挺直，头部正直，两眼平视。

注意事项：

（1）身高计应选择平坦靠墙的地方放置，立柱的刻度尺应面向光源。

（2）严格掌握"三点靠立柱""两点呈水平"的测量姿势要求，测试人员

读数时两眼一定与压板等高，两眼高于压板时要下蹲，低于压板时应垫高。

（3）水平压板与头部接触时，松紧要适度，头发蓬松者要压实，头顶的发辫、发结要放开，饰物要取下。

（4）测量身高前，受试者应避免进行剧烈体育活动和体力劳动。

（二）肺活量

肺活量是指人在尽最大努力吸气后，再尽最大努力呼气所能呼出的气体量，是反映学生肺容积和通气功能的常用指标，与年龄、性别、身高、体重、胸围及体育锻炼程度有关。

测试目的：测试学生的肺通气功能。

测试方法：受试者将所发吹嘴套平稳地插在吹嘴上，不必紧张，深吸气后屏住气对准吹嘴以中等速度和力度尽力深呼气，直到不能呼出为止。

要求：测试时口紧贴吹嘴，避免从嘴角漏气，测试中不能二次吸气，否则成绩只计到二次吸气时的数据。

提示：测试时嘴要张开个小口，还要能够明显听到气流通过的声音，但吹气速度不能过快。

注意事项：

（1）电子肺活量计的计量部位的通畅和干燥是仪器准确的关键，吹气筒的导管必须在上方，以免口水或杂物堵住气道。

（2）每测试10人及测试完毕后用干棉球及时清理和擦干气筒内部。严禁用水、酒精等任何液体冲洗气筒内部。

（3）导气管存放时不能弯折。

（三）坐位体前屈

坐位体前屈是指人体在相对静止状态下，躯干、髋、膝等关节可能达到的最大活动幅度，是有效地反映学生关节灵活性以及韧带和肌肉的伸展性与弹性的常用指标。

测试目的：测量学生在静止状态下的躯干、腰、髋等关节、韧带和肌肉的伸展性和弹性及学生身体柔韧素质的发展水平。

测试方法：受试者两腿伸直，坐在测试仪器上赤足贴紧挡板，上体前屈，两臂伸直向前，用两手中指尖逐渐向前匀速推动滑板，直到不能前推为止。

要求：两腿不能弯曲，禁止用力加速向前推进，加速推或中途稍有停顿者将会得负分。

注意事项：

（1）身体前屈，两臂向前推游标时两腿不能弯曲。

（2）受试者应匀速向前推动游标，不得突然发力。

（四）立定跳远

立定跳远是反映学生下肢爆发力及身体协调能力的常用指标，其成绩与体育锻炼程度有关。

测试目的：测试学生下肢肌肉爆发力及身体协调能力的发展水平。

测试方法：受试者两脚自然分开站立，站在起跳线后，脚尖不得踩线。两脚原地同时起跳，不得有垫步或连跳动作，每人试跳两次，计最好成绩。

要求：发现第一次犯规后，应遵守规则认真测试；可以赤足，但不得穿皮鞋、塑料凉鞋测试。

注意事项：测试时保持安静，踩线时能听到仪器的报警声；女生一般在踏板中间起跳、男生一般在踏板后端起跳（前、后起跳点选择以能否跳过2米为依据）；落地后向前或从侧面离开仪器，成绩为距起跳点最近的接触点，因此不能后退。落地时双脚一定要落在中间摩擦力较大的落地区域，否则，可能会向后滑倒直接影响测试成绩。

（五）50米跑

50米跑可以有效地反映学生移动速度、反应速度、灵敏素质及神经系统灵活性，是评价学生速度素质的常用指标，其成绩与体育锻炼程度有关。

测试目的：测试学生速度、灵敏素质及神经系统灵活性的发展水平。

测试方法：受试者至少两人一组测试。站立起跑，受试者听到"跑"的口令后起跑。发令员在发出口令同时要摆动发令旗。计时员看到旗动开表计时，当受试者躯干部到达终点线的垂直面时停表。以秒为单位记录测试成绩，精确到小数点后一位，小数点后第二位数按非零进1原则进位，如10.11秒读成10.2秒记录。

注意事项：

（1）受试者测试时最好穿运动鞋或平底布鞋，赤足亦可。

（2）发现有抢跑者，要当即召回重跑。

（3）如遇风时一律顺风跑。

（六）引体向上（男生）

引体向上是反映学生上肢肌肉力量和耐力的常用指标，其成绩与体育锻炼程度有关。

测试目的：测试学生的上肢肌肉力量的发展水平。

场地器材：高单杠或高横杠，杠粗以手能握住为准。

测试方法：受试者跳起双手正握单杠，两手与肩同宽成直臂悬垂。静止后，两臂同时用力引体（身体不能有附加动作），上拉到下颌超过横杠上缘为完成一次。记录引体次数。

注意事项：

（1）受试者应双手正握单杠，待身体静止后开始测试。

（2）引体向上时，身体不得做大幅度的摆动，也不得借助其他附加动作撑起。

（3）两次引体向上的间隔时间超过10秒停止测试。

（七）一分钟仰卧起坐（女生）

一分钟仰卧起坐是反映学生腰腹部肌肉耐力水平的常用指标，其成绩与学生体育锻炼程度有关。

测试目的：测试学生的腹肌耐力。

场地器材：垫子若干块（或代用品）、铺放平坦。

测试方法：受试者仰卧于垫上，两腿稍分开，屈膝呈90°左右角，两手交叉贴于脑后。另一同伴压住其踝关节，以固定下肢。受试者坐起时两肘触及或超过双膝为完成一次。仰卧时两肩胛必须触垫。测试人员发出"开始"口令的同时开表计时，记录1分钟内完成次数。1分钟到时，受试者虽已坐起但肘关节未达到双膝者不计该次数，精确到个位。

注意事项：

（1）如发现受试者借用肘部撑垫或臀部起落的力量起坐时，该次不计数。

（2）测试过程中，观测人员应向受试者报数。

（3）受试者双脚必须放于垫上。

（八）1000米跑（男生）/800米跑（女生）

1000米跑和800米跑是反映学生耐力素质的常用指标，可以有效地反映学生心血管、呼吸系统的机能及肌肉耐力，其成绩与体育锻炼程度有关。

测试目的：测试学生耐力素质的发展水平，特别是心血管呼吸系统的机能及肌肉耐力。

测试方法：受试者分组进行测试，站立式起跑。当听到"跑"的口令后起跑。计时员看到旗动开表计时，当受试者的躯干部到达终点线垂直面时停表。以分、秒为单位记录测试成绩，不计小数。

注意事项：

（1）有心脏病、肾病、残疾的学生不能参加测试。

（2）凡办理过《免于执行国家学生体质健康标准》申请者不再测试。

第四章

高中体能素质的
测试与训练

第一节　力量素质的测试与训练

一、力量素质的测试

"力量素质是影响运动员竞技能力的重要因素，力量测试是体能测试、身体素质测试、体质测试的重要组成部分。"[①]力量素质是青少年必须具备的基本身体素质之一。力量素质是指肌肉收缩时克服阻力的能力。力量素质是其他运动素质的基础，力量素质不好的人往往其他素质也较差，力量素质好的人往往其他各项素质也相对较好。青少年的力量素质随着年龄的增长而逐渐提高，进行适当的力量锻炼可以促进力量的提升，而长期不锻炼则会使力量下降，长期卧床的患者甚至会出现费用性的肌萎缩症状。

根据不同的划分标准，可以将力量素质划分为不同的类型：①将其按照肌肉的收缩形式，划分为静力性力量和动力性力量两个类别；②若是依据力量与体重之间的关系，可以划分为绝对力量和相对力量两类；③若是以力量的时效性来划分，可以分为爆发力和力量耐力；④按照青少年身体的不同部位，又可以分为躯干力量、上肢力量、下肢力量等。

（一）力量素质的测试方法

1. 握力测试

握力的测量可以采用握力计。接通电源以后，把握力计数据归零，要求受试者身体直立，单手持握力计的握把尽最大努力进行抓握，连测三次，取最大值作为最终测试结果，并以千克为单位记录读数。

---

① 龙国东，刘剑虹，王斌，等.青少年运动员体能测试力量素质指标的筛查与实践研究［J］.体育科技，2020，41（3）：3.

2. 背力测试

背力测试主要考查背部力量，一般采用背力计进行测试。要求受试者站立在背力计踏板上，将背力计的拉手调到与膝关节齐平的位置，双腿伸直，背部发力，直臂上拉，尽可能将背部力量充分发挥，直至读数不再变化为止，连测三次，取最大值作为最终测试结果，小数点后保留两位，并以千克为单位记录读数。

3. 下肢力量测试

下肢力量同样采用背力计进行测试。要求受试者站于背力计踏板上，将背力计的拉手调到与膝关节齐平位置，双腿弯曲，背部挺直，下肢发力，尽可能将下肢力量充分发挥，直至读数不再变化为止，连测三次，取最大值作为最终测试结果，小数点后保留两位，并以千克为单位记录读数。

4. 上肢力量测试

上肢力量可以采用俯卧撑进行测试。建议在平坦的硬质地面上进行。要求受试者呈俯卧位，用双手撑地与肩同宽，躯干挺直，脚尖触地，两臂伸直。测试开始后，身体下压，双臂弯曲，身体保持平稳匀速下落，直至胸部接近地面再立即撑起，双臂伸直，还原。要求青少年尽全力完成，记录完成正确动作的最大次数。

5. 躯干屈肌力量测试

（1）1分钟仰卧起坐。青少年取仰卧位，两腿并拢，膝关节屈曲90°，双手交叉抱于胸前或置于耳侧，同伴双手压住并固定受试者双足，测试开始后，受试者迅速起坐，双肘触膝，然后还原，后仰时两肩胛骨须触及地面或垫子，然后再次快速坐起，记录测试者1分钟内完成动作的次数。1分钟仰卧起坐是学生体质健康测试中女生的必测项目。

（2）1分钟仰卧举腿。仰卧举腿和仰卧起坐相似，都是评价躯干屈肌力量的方法。受试者仰卧于垫上，两臂置于体侧，两腿伸直并拢。测试开始后，受试者膝关节伸直用力收腹屈髋，抬腿至60°，然后放下触及仰卧平面，记为完成1次，记录受试者1分钟内完成动作的总次数。在测试过程中，不得借力。下肢下落时动作不能过快，在测试过程中双膝呈伸直状态。

6. 引体向上测试

引体向上一般需要在单杠上或模拟单杠上进行测试。要求受试者双手正握单杠，身体自然悬垂，肘关节伸直。测试开始后，受试者双臂同时用力屈肘，向上牵拉身体，下颌骨超过单杠为有效次数，然后放松恢复开始时的直臂悬垂姿势，记录受试者连续完成动作的次数。注意测试时不得通过摆动、晃动身体借力。引体向上是体质健康测试中男生力量素质测试的必测项目。

7. 立定跳远测试

立定跳远是评价下肢爆发力和力量素质的常用方法。立定跳远一般在田径场沙坑进行测试，也可在平坦、不滑的地面上进行。要求受试者双脚站立，脚尖不得越线。测试开始后，膝关节微屈进行预蹲，双臂前伸，然后下肢全力蹬地，手臂迅速后摆，身体向前上方腾空跳跃，双脚前伸，两足扒地，腹部用力团身落地。测量起跳线至落地点的最近距离，结果保留两位小数，并记录测试结果。受试者可重复测3次，将最好成绩作为最终测试结果。

8. 纵跳摸高测试

纵跳摸高是测试下肢爆发力的一种方法，可以采用手工测量和仪器测量两种方式。

（1）手工测量时，受试者身体直立站在黑板前，手臂外展并充分上举，在最高点用粉笔做一标记，然后手指沾点滑石粉，原地下蹲并迅速起跳，在达到最高点时用手触摸黑板，滑石粉会在黑板上留下印记，两个印记之间的距离即为纵跳高度。

（2）采用仪器测量时，受试者打开纵跳测试仪开关，踏上纵跳板，双腿屈膝下蹲，然后双腿同时发力，全力起跳，两腿伸直，记录仪器显示数值，可以测试3次，将最大值作为最终成绩。

（二）力量素质测试的注意事项

第一，测试前，做好器材、服装、鞋袜的安全检查，青少年受试者应穿宽松舒适、有弹性的运动服和合适的运动鞋，一方面有利于运动，另一方面也相对安全。

第二，充分做好准备活动，防止运动损伤和意外伤害。测试人员可以带领青少年受试者做好充分的准备活动。

二、力量素质的训练

（一）力量素质训练的方法

1. 发展最大力量

（1）巴罗加式极限强度负重训练法。巴罗加式极限强度负重训练法主要是通过极限强度负荷提高对机体神经系统的刺激作用，适用于高水平运动员的力量训练，有利于提高相对力量。巴罗加提出了四种不同的负重训练方式。每种方式以训练课为单位进行变化。训练方式的选择，主要取决于运动员的练习效果。

（2）阶梯式极限强度负重法（保加利亚"循序渐进"训练法）。阶梯式极限强度负重法主要用于精英运动员的最大力量训练。负荷强度超过一天的最大体重，再分两组减10千克，再分两组减10千克，然后开始增重至当天最大体重，最终减量。

（3）静力性训练法。静力性力量训练法曾被广泛应用，后来逐渐减少。静力收缩对肌肉耐力作用效果不明显，但对发展最大力量有积极的作用。静力性训练有三种方式：①在某一关节角度，承受高于运动员本人潜力的重量；②针对特制的固定物用力推、顶、拉；③一侧肢体用力，另一侧肢体相抵。

进行静力性最大力量的训练时，优秀运动员的训练强度为最大力量的80%～100%，收缩持续最长时间为12秒。初学者和未经过专门训练的运动员应以较小的刺激强度和6～9秒的持续收缩时间进行练习。此外，停止静力性力量训练后，经训练所获得的最大肌肉力量大约在30周以内可完全消失。若每6周进行一次训练，肌力下降趋势缓慢，需60周以后才会完全消失。

（4）电刺激力量训练法。电刺激力量训练法是一种新的"非负荷"性的最大力量训练方法。用这种方法两周后，可增加肌力20%左右，尤其在训练后紧接着进行电刺激，效果更好。

2. 发展速度力量

速度力量的决定因素是肌肉收缩速度。许多运动项目都是在快速节奏或爆发用力的情况下完成的。

（1）爆发力训练。爆发强度是在短时间内以最大加速度克服阻力的能力。打击的力量由参与活动的所有肌肉群的联合动作决定。爆发强度是决定速度力量大小的因素，爆发力的增加取决于最大能量水平的发展。如果没有充分发挥最大爆发力，爆发力也不会达到很高的水平。因此，爆发力训练方法适合爆发力发展。爆发力训练的一个重要方面是训练中使用的主要冲动。这与进行的锻炼类型和力量大小密切相关。例如，在跑步时，运动员的腿部力量冲动是其体重的3.5倍。因此，爆发力训练的主要动机是加速。在非间歇运动（如跳远、投掷）中，爆发力是取得好成绩的关键因素。在间歇性事件（如快速运行）的情况下，爆发会快速重复。因此，应根据每个项目的特点制订爆发力训练计划。

大多数发展爆发力的方法都涉及快速努力和等长练习。快速加载方法由两种训练模式组成，具体如下：

第一，中等强度速度力量法。中等强度速度力量法的特点是70%～85%强度，最大速度训练4～6组，每组重复3～6次。这种方法对提高肌肉力量的爆发效率极为有效。爆发式发展值得特别关注。在田径、体操、击剑、水肺潜水和所有分体式运动（如排球）中的投掷和跳跃中，爆发的力量直接影响运动表现。因此，这种方法可用于提高爆发力。

第二，快速低强度力量法。快速低强度力量法的特点是采用30%～60%的强度，3～6组练习，每组5～10次，使爆发力训练有针对性的发展，以最具竞争力的方式锻炼肌肉，速度的增加是优化的标志。快速加载方法对于培养运动员的速度感知和传播快速运动反应非常有用。等长训练法，又称超长训练法，实际上是一种将撤退训练和约束训练相结合的训练方法。在超等长运动中，肌肉会愿意先工作，肌肉会拉伸很多。训练的目的是将纯粹的能量转化为爆发性的能量。生理机制是当肌肉以收缩方式工作时的拉伸反射。肌肉被拉伸到超出其自然长度。这会产生伸长反射，可以产生更有限的收缩以形成有效的井喷。发展爆发力的等距练习方法和内容包括纵跳、蛙跳、连续步等各种跳跃练习，包括跳过围栏多级跳跃、全速跳跃等练习，可以根据每个运动员的具体训练要求和条件进行选择。

（2）反应力训练。反作用力是指运动中的人体快速制动并以很大加速度向相反方向运动的能力。当人体运动时，肌肉链会减慢人体运动的速度。这导致反射性拉伸。在非标准的威慑距离下，活动肌肉被拉伸，肌肉在加速路径中迅速收缩和缩短。因此，收缩反应模式是主动肌肉伸展和收缩循环的一种形式。

反应力有两种主要类型：①以跳跃为主的弹跳反应力；②以击打、鞭打、踢踹为主的击打反应力，两种收缩形式的区别在于各种刺激之间的关系。在典型的深度跳跃响应模型中。伸展是因为正在减慢向下运动的身体受到重力的推动。人们通常将其称为等长运动。肌肉拉伸是由相反肌肉的力量引起的。这种拉伸的肌肉不起作用。因此，伸展和收缩的循环比深跳要慢得多。

（二）力量素质训练的内容

1. 肩部力量训练

（1）胸前推举。

胸前推举的方法：两手持铃将杠铃翻起至胸部，然后立刻上推过头顶，再屈臂将杠铃放下置于胸部，再上推过头顶，反复练习。

胸前推举的作用：主要发展三角肌侧前部肌肉，以及斜方肌、前锯肌、肱三头肌力量。

（2）颈后推举。

颈后推举的方法：站直，打开肩膀向后举起杠铃。然后将杠铃滑到脖子后面，直到手臂伸直，重复这个过程；可以在锻炼时坐着，可以使用宽握或紧握。

颈后推举的作用：基本同胸前推举。

（3）翻铃坐推。

翻铃坐推的方法：同时握住身体前方的杠铃，用双手降低胸部。用双手将杠铃稍微举过头顶，然后轻轻地降低脖子后面的杠铃。然后将杠铃从脖子后面、头后面推，然后慢慢将杠铃推到身体前方的下胸。

翻铃坐推的作用：主要发展三角肌群和斜方肌力量。

2. 上臂力量训练

（1）颈后臂屈伸。

颈后臂屈伸的方法：身体直立，两臂上举反握杠铃（也可正握，但反握比正握效果好），握距同肩宽，做颈后臂屈伸动作。

颈后臂屈伸的作用：主要发展肱三头肌力量。

（2）颈后伸臂。

颈后伸臂的方法：一腿在后直立，一腿在前。两手各握拉力器一端置颈后，两肘外展，两臂用力前伸使两臂伸直。

颈后伸臂的作用：主要发展肱三头肌上部和外侧部力量。

（3）弯举。

弯举的方法：身体直立，反握杠铃，握距同肩宽，屈前臂将杠铃举至胸前。可坐着练习，也可用哑铃等器械练习。

弯举的作用：主要发展肱二头肌、肱肌、肱桡肌等力量。此外，也可采用仰卧弯举、肘固定弯举、斜板哑铃弯举进行练习。

（4）双臂屈伸。

双臂屈伸的方法：不负重或脚上挂重物，捆上沙护腿、穿上沙衣等，在间距较窄的双杠上做双臂屈伸动作。

双臂屈伸的作用：主要发展肱三头肌、胸大肌、背阔肌力量。

3. 前臂力量训练

前臂力量训练主要采用少组数（3~5组）、多次数（16次以上）、组与组之间间歇很短的练习方法。

（1）腕屈伸。

腕屈伸的方法：身体直立，两手反握或正握杠铃做腕屈伸动作，前臂固定在膝上或凳子上，腕屈伸至最高点，稍停顿，再还原。

腕屈伸的作用：主要发展手腕和前臂屈手肌群和伸手肌群力量。

（2）旋腕练习。

旋腕练习的方法：身体直立，两臂前平举，反握或正握横杠，用屈腕和伸腕力量卷起重物。

旋腕练习的作用：主要发展前臂屈手肌群和伸手肌群力量。

4. 腹部力量训练

（1）仰卧起坐。

仰卧起坐的方法：仰卧在凳上或斜板上，两足固定，两手抱头，然后屈上体坐起，再还原，反复进行。

仰卧起坐的作用：主要发展腹直肌、髂腰肌力量。

（2）半仰卧起坐。

半仰卧起坐的方法：躺在地板上或长凳上，双手握住哑铃放在脑后。当弯曲膝盖时，上半身向前向上滚动。练习时，请记住，上半身抬起时，下背部和臀部不能抬离地板或长凳。深吸一口气，放松并呼气，两次收缩之间暂停2s。还可以将重量放在上胸部以进行更多训练。

半仰卧起坐的作用：主要发展腹直肌上部力量。

（3）蛙式仰卧起坐。

蛙式仰卧起坐的方法：仰卧在垫上，两脚掌靠拢，两膝分开，两手置于头后，向上抬头，使腹肌处于紧张收缩状态，2s后还原，重新开始。

蛙式仰卧起坐的作用：主要发展腹直肌力量。

（4）仰卧举腿。

仰卧举腿的方法：卧仰在斜板上，两手置于身体两侧握住斜板，然后两腿伸直或稍屈向上举至垂直。

仰卧举腿的作用：主要发展腹直肌、髂腰肌力量。

（5）悬垂举腿。

悬垂举腿的方法：两手间距同肩宽，上举握住单杠，身体悬垂，然后两腿伸直或稍屈向上举至水平位置，反复练习。

悬垂举腿的作用：同仰卧举腿。

（6）仰卧侧提腿。

仰卧侧提腿的方法：仰卧在垫上，侧提右膝碰右肘，触肘后停1s，然后侧提左膝碰左肘，反复练习。

仰卧侧提腿的作用：主要发展腹内、外斜肌力量。

（7）屈膝举腿。

屈膝举腿的方法：屈膝，两踝交叉，两掌心朝下放在臀侧，仰卧在垫上，然后朝胸的方向举腿。直到两膝收至胸上方，还原后重新开始。

屈膝举腿的作用：主要发展腹直肌下部力量。

（8）举腿绕环。

举腿绕环的方法：背靠肋木，两手上举正握肋木悬垂，两腿并拢向左右两侧轮换举腿绕环，反复进行。

举腿绕环的作用：主要发展腹直肌、腹内外斜肌力量。

5.全身力量训练

（1）窄上拉。

窄上拉的方法：两脚分开，与肩同宽站立。在杠铃后方站立，双臂放松与肩同宽，深蹲提铃，在杠铃抬高到大腿中部和小腿中部时保持胸部和腰部挺直。整个人顿时发力，双腿伸直，手肘抬起。

窄上拉的作用：主要发展骶棘肌、斜方肌、前锯肌、臀大肌、股二头肌、半腱肌、半膜肌、大收肌、股四头肌、三角肌、肱肌、小腿三头肌、屈足肌群力量。

（2）宽上拉。

宽上拉的方法：宽握距握杠，预备姿势同窄上拉，当杠铃上拉到大腿中上部时，迅速做出蹬腿、伸髋、展体、耸肩、提肘、起踵动作。宽上拉也包括膝上拉、悬吊式上拉、直腿拉、宽硬拉等多种做法。

宽上拉的作用：基本同窄上拉。

（3）高抓。

高抓的方法：强力保持技术由准备、提铃、力量和蹲下支撑组成。准备，然后举起杠铃，将它拉到与力一样宽的地方。半蹲支撑从举重开始。在这一点上用力时肘部向上杠铃将惰性移动，腿将自由移动。身体在单杠和头顶上下降时，摆动前臂，肘部形成一个"轴"，以支撑头顶上方的肩部。

高抓的作用：主要发展伸膝、伸髋、伸展躯干及肩带肌群力量，并能有效地发展爆发力。

（4）箭步抓。

箭步抓的方法：预备姿势、提铃、发力同宽上拉。在发力即将结束时，做前后箭步分腿，与此同时，将杠铃提拉过头顶，伸直两臂做锁肩支撑。

箭步抓的作用：基本同高抓并能有效发展爆发力。

（5）挺举。

挺举的方法：挺举由提铃和上挺两个动作连接组成。提铃至胸，两脚下蹲，同时将杠铃从地上提起至胸上，随即起立。两脚站在一条横线位置上，两腿伸直。上挺：两腿前后分开下蹲，然后收腿起立，借助于预蹲和上挺发力，把置于胸上的杠铃，举过头顶至两臂伸直，两脚站在一条横线上，杠铃和身体保持在一垂直面上，并保持这个姿势在稳定状态，再将杠铃放下。

挺举的作用：提铃部分主要发展各相应部位的肌肉，同时也会发展全身协调用力及爆发力。

（6）高翻。

高翻的方法：将杠铃从地面提至胸部，提铃至胸时下蹲高度为半蹲，其他要领基本同挺举下蹲翻。

高翻的作用：基本同挺举提铃部分。

（7）箭步翻。

箭步翻的方法：与箭步式抓举基本相同。所不同的是前屈腿屈膝较浅，膝盖不超出脚尖线。杠铃绕胸部旋转站立：先伸直前腿，然后拉半步，再向前拉后腿。在水平线上彼此平行站立并重复练习。

箭步翻的作用：基本同挺举提铃部分。

（8）高翻借力推。

高翻借力推的方法：用高空翻将杠铃抬到胸前，坐下，然后用力将杠铃推到手臂正上方的位置。要求把杠铃抬到脸上，收紧胸部和腰部。也可以在颈部或训练凳上进行。

高翻借力推的作用：此练习若在练习架上做则主要发展上肢力量，作用同上挺部分；若提铃至胸后再做这个练习，作用基本同挺举。

第二节　速度素质的测试与训练

一、速度素质的测试

速度素质是用于衡量人体快速运动能力的名词。速度素质可以分为以下类型。

第一，反应速度。反应速度是衡量人体各种刺激快速应答能力的一项指标，主要受反射弧效率的影响，一般用反应时来表示如赛场上从发令枪响到运动员蹬离起跑器的时间。

第二，动作速度。动作速度是指人体快速完成动作的速度快慢，如篮球运动员完成一次运球的时间，羽毛球运动员的一次挥拍时间，体操运动员的一个转体时间等。

第三，位移速度。位移速度是指在周期性运动中人体在单位时间内的移动距离大小。如速滑运动员的滑冰速度，田径运动员的跑步速度，自行车运动员的骑行速度等。位移速度往往通过个体完成固定距离所用的时间来表示。

在学生体质健康测试中，速度素质一般用50米跑的成绩来衡量。

二、速度素质训练的方法

速度素质是指人体或人体的某些部位快速运动的能力。

（一）游戏法

游戏法，是指采用游戏的形式进行速度训练的一种方法。由于在速度训练时反复进行某一动作的训练，这种多次重复的训练形成动作的动力定型，使动作的各种指标比较稳定，使之在动作的空间特征和时间特征上，如动作的幅度、方向，动作的速度和频率都相对稳定，就形成所谓的"速度障碍"。防止"速度障碍"的形成，要突出速度力量的训练，采用多种训练手段，如游戏、球类等活动。例如，100米跑要达到预定的成绩，既可以通过专门短跑训练来达到，也可以通过全面身体练习并把重点放在速度力量的训练上来达到。

（二）重复法

1. 规定最大速度指数的重复方法

在移动速度训练中显示最大速度指数，并且一些运动练习是强制性的重复，例如快速重复的轻杠铃推举。用哑铃重量重复跳跃，同时保持正确的运动，一次又一次地快速跳跃。重复短距离跑步，使用各种沉重的金器进行最后的快速重掷。

2. 变化训练程序的重复法

变化训练的程序是指在横移速度训练中适当改变速度和加速度，并以适当的比例与程序相结合。虽然在一定的最大速度下进行训练是提高运动速度的重要因素，但重复如此，它创造了一个动态的固定模式。因此，在最高速度指标和重复练习时，训练计划按一定的方式变化，使运动员对练习的速度变得陌生，以培养更好的移动速度。

（三）比赛训练法

比赛训练法是指在竞争条件和要求下，营造竞争氛围和环境的开放式训练方式。在使用比赛训练法来训练动作速度时，练习者的心理和情感不同于其他训练方法。大多数练习者都表现出高涨的情绪和兴奋。使用竞技训练方法会显著提高运动前的人体血糖和乳酸水平，这有助于身体更好地运作。兴奋也会对交感神经系统产生影响，延迟疲劳的发生，这使人体能够成功地以高强度速度进行训练。在比赛训练法中，神经系统处于非常温和的兴奋状态，这有助于发挥交换兴奋和抑制神经过程的能力。

三、速度素质训练的内容

（一）反应速度训练

1. 反应速度训练的运动原理

反应速度是指个体运动员的听觉、视觉、触觉、动觉对各种信号刺激的反应时间，即反应时。这种能力取决于神经传递反射弧的灵敏性。当机体的感受器感受到刺激时，信号由感觉神经元传入神经中枢，由中枢神经发出指令，经运动神经元传出至效应器，肌肉收缩产生动作，这一神经—肌肉反射过程的快慢决定了反应速度的快慢。短跑运动员起跑时蹬离起跑器的时间长短，取决于运动员听到发令枪声后"推手"和"蹬腿"的反应时长短。优秀短跑运动员的起跑时间为0.15秒左右，0.18～0.20秒的反应时是优秀水平的反应时。球类项目的运动员的反应时取决于视觉反应时和动觉反应时。如乒乓球运动员能在0.15～0.18秒内"看"到对手的发球并迅速做出回球的动作反应。在特殊情况下，如既盲又聋的运动员，反应时取决于触觉等感觉的反应。反应速度的遗传力达0.75。反应速度的训练主要是充分挖掘遗传潜力，熟练掌握技术动作，集中注意力及改善专项反应时。

2. 反应速度训练的具体方法

（1）听信号起动加速跑。在慢跑中听到信号后突然起动加速跑10～15米，重复8～10次。

（2）小步跑、高抬腿跑，听到信号后加速跑。原地小步跑、高抬腿跑，听到信号后突然加速跑15～20米，重复进行。

（3）俯卧撑听信号跑。俯卧撑听到信号后突然起跑10～15米，重复进行。

（4）听信号转身起跑。背对前进方向，听到信号后迅速转身180°，起动加速跑10～15米，重复进行。

（5）听枪声起跑。站立式或蹲踞式，听到枪声后起跑20～30米，3～5组3～6次，强度为90%～95%。

（6）反复突变练习。练习者听到各种信号后分别做上步、退步、滑步、交叉步、转身、急停等动作。

（7）利用电子反应器。依据不同的信号，用手或脚压电扣，计反应时。

（8）两人对拍。两人面向站立，听到信号后用手拍击对方的背部，在规定时间内，拍击次数多者为胜。

（9）反应起跳。练习者围圈站立，圈内1～2人，站在圆心手持小树枝或小竹竿，持竿人持竿画圆，竿经谁脚下谁起跳，被竿打上者进圈换人，可突然改变方向。

（10）"猎人"与"野鸡"。"猎人"围圈而立，站在画好的圈内，1～2人手持皮球击打圈内的"野鸡"，"野鸡"为"猎人"数量的1/3，"野鸡""猎人"互换角色。

（11）找伙伴。练习者绕圈慢跑，听到"三人"或"五人"口令后，练习者立即组成规定人数的"伙伴"，不符合规定人数的为失败组，失败组罚做俯卧撑、高抬腿等练习。

（12）追逐游戏。两队相距2米，分为单数队和双数队，听到"单数"口令后，单数队跑，双数队追，反之亦然。在20米内追上为胜。

（13）起动追拍。两人一组前后距离为2～3米慢跑，听到信号后开始加速跑，后者追上前者并用手拍对方的背部，在20米内追上为胜。

（14）多余的第三者。练习者若干，呈两人前后面向圈内围一圆圈而立，左右间隔2米，两人沿圈外跑动追逐，被追者可跑至某两人前面站立，则后面的第三者立即逃跑，追者追该第三者，被追上者为失败，罚做各种身体练习。

（二）移动速度训练

1. 移动速度训练的运动原理

移动速度即位移速度，通常以通过一定距离所用的时间或在单位时间内通过的距离来表示：$v = \dfrac{s}{t}$。跑速和游速=步（划）长×步（划）频。决定步长的因素有肢体长度、关节柔韧性和肌肉力量。腿长及髋关节柔韧性好的运动员其蹬摆的动作幅度较大，但是如果缺乏足够的肌肉力量和动作速率也不能获得较大的移动速度。决定动作频率的因素有神经支配的灵敏性、神经冲动的强度和兴奋性、肌肉收缩速度、肢体交替运动的协调性及技术动作的熟练程度。

对于移动速度而言，步长与步频的最佳搭配是获得最大速度的有效途径。移动速度包括平均速度、瞬时速度、加速度、角速度、角加速度、初速度、末速度。100米跑10秒，是指平均速度；起跑蹬离起跑器的时间约0.15秒是瞬时速度；100米跑的前30米跑时间为2.58秒是加速度；跳远的助跑最后一步速度是末速度；跳远起跳腾起速度是初速度；自由泳运动员手臂的划水动作可以视为肘关节和肩关节的角位移运动，产生角速度和角加速度。

在一个项目中或在一个项目的某一动作环节中，可能同时包括反应速度、动作速度和移动速度，如起跑动作；也可能包括动作速度和移动速度，如途中跑。各种速度之间存在着互为相关的关系。

2. 移动速度训练的具体方法

（1）小步跑转加速跑。行进间快频小步跑，听到信号后转为加速跑。20～30米×2～3组×2～3次，组间歇5分钟。

（2）高抬腿跑转加速跑。行进间高频高抬腿跑，听到信号后转为加速跑。10～15米×2～3组×2～3次，组间歇5分钟。

（3）后蹬跑转加速跑。快速后蹬跑，听到信号后转为加速跑。20米+20米×2～3组×2～3次，组间歇5分钟。

（4）高抬腿车轮跑转加速跑。行进间高抬腿车轮跑，听到信号后转为加速跑。15米+20米×2～3组×2～3次，组间歇5～7分钟。

（5）单足跳转加速跑。单足跳10～15米，听到信号后转为加速跑20米，2～3组×2～3次，组间歇5分钟。

（6）交叉步转加速跑。交叉步跑5～10米，听到信号后转体加速跑20米，2～3组×2～3次，组间歇5分钟。

（7）倒退跑转加速跑。倒退跑10米，听到信号后转体加速跑20米，2～3组×2～3次，组间歇5分钟。

（8）加速跑。加速跑60米、80米、100米、120米，3～5组×3～5次，组间歇5分钟。

（9）变加速跑。20米加速跑达到最高速度时减速跑10米再加速跑20米，以此类推跑完一定的距离，组间歇5分钟。

（10）站立式起跑。听到信号或枪声后站立式起跑30米×3～5组×3～5次，组间歇5～8分钟，强度为90%左右。

（11）蹲踞式起跑。听到信号或枪声后蹲踞式起跑30米×3～5组×3～5次，组间歇5～8分钟。

（12）行进间跑。加速跑20～30米，到达指定的标记后行进间跑20～30米，行进间跑的距离可长可短，20～80米，重复2～3组×2～3次，组间歇5～8分钟。

（13）重复跑。强度为90%～100%，距离短于比赛距离的1/3，重复4～6组×4～6次，组间歇5～10分钟，如100米×5组×5次，组间歇10分钟，次间歇5分钟。

（14）上坡跑。上坡跑坡度为7°～10°，30米、60米、80米×2～3组×3～5次，组间歇5～8分钟。

（15）下坡跑。下坡跑坡度为7°～10°，30米、60米、80米×2～3组×3～5次，组间歇5～8分钟。

（16）上、下坡跑。在7°～10°的坡道上往返跑，30米上坡跑，30米下坡跑，重复2～3组。

（17）顺风跑。风速3～5级，顺风跑30米、60米、80米×2～3组×2～3次，组间歇5～7分钟。

（18）牵引跑。在牵引机的牵引下按照一定的速度跑20～60米，重复2～3组×2～3次，组间歇5～7分钟。

（19）让距离追赶跑。2～3人一组，根据个体的速度水平前后相隔2～5米的距离，听到信号后起跑，后者在规定距离内追上前者，重复2～3组×2～3次，组间歇5～7分钟。

（20）接力跑。8×50米、4×100米、4×200米、4×400米接力跑。

（21）固定距离或固定步数反复跑。在需要起跳准确性高的项目中，如跳远、撑竿跳高、跳马，运动员要经常练习固定节奏的助跑速度。30～45米×4～6组×3～6次。

（22）各种方式的跨栏跑。改变栏高，改变栏间距，改变栏间跑的步数和节奏，改变栏架的数量等。

（23）摸乒乓球台角移动。听到信号后30秒左右移动摸乒乓球台两角，重复2～3次，间歇2～3分钟。

（24）变向带球跑。6人站成一排，间隔5米，每人一球，根据教练的手势做前后、左右的带球、变向、急停、转身带球跑练习，重复2～3次。

（25）各种球类的移动速度练习。根据各种球类项目移动速度的特点，设计具有项目技术、战术特点的移动速度练习手段，如足球的进攻和防守的移动速度，乒乓球、羽毛球、网球运动员的脚步移动速度。

（三）动作速度训练

1. 动作速度训练的运动原理

动作速度是指在单位时间内完成动作的多少。动作速度包括完成整套动作的速度、完成单个动作的动作速度和动作速率。在体育运动中，整套动作是指一次完成的完整动作，如掷标枪的"最后用力"动作，自投掷臂一侧的脚着地的"转蹬"开始，经另侧脚着地完成"满弓"形，"转髋"—"转肩"—"鞭打"—"出手"，为一个整套的完整动作。"最后用力"过程的动作速度是指整套动作的平均速度。实际上整套动作的速度是加速度，尤其是"鞭打"

动作，自躯干至手腕的"鞭打"动作是连贯的动量传递和逐渐加速过程。单个动作的动作速度是指在整套动作中完成某一动作或完成某一动作环节的动作速度，如"鞭打"动作速度、"出手"速度。动作速率是指动作的频率及在单位时间内完成动作的次数。动作速度的快慢取决于神经—肌肉系统的调节，取决于肌肉收缩的速度和相对力量、速度力量的大小，取决于肌肉工作的协调性和技术动作的熟练程度。在力学上，动作速度包括动作的平均速度、瞬时速度、加速度及角速度、角加速度。

跳远的起跳速度是平均速度，腾起初速度是瞬时速度，也是加速度。平均速度与瞬时速度是相对的，瞬时速度是单位较小的平均速度，它取决于动作时间的选择。在有支撑和无支撑旋转运动中，动作速度是角速度和角加速度。掷铁饼是有支撑旋转运动，在运动员的持饼三周旋转中，角速度是逐周增加的，至铁饼出手瞬间，由于旋转运动的突然停止使器械沿切线方向运动，角加速度变为线加速度，铁饼沿斜直线飞出。例如自由式滑雪空中技巧是有支撑和无支撑的旋转运动。虽然规则规定在跳台上转动要扣分，但是运动员的空中无支撑转动的动力却来源于台面的支撑转动，主要是不对称的摆臂引起的转动，还有就是通过改变沿身体横轴和纵轴转动的转动半径使纵轴转动角速度加快，从而准确地完成空中的多周转体运动。

2. 动作速度训练的具体方法

（1）听口令或节拍器摆臂。两脚前后开立或呈弓箭步，听到口令或节拍器后快速前后摆臂15～30秒，2～3组。

（2）原地快速高抬腿或支撑高抬腿。站立或身体前倾支撑肋木快速高抬腿10～30秒，重复4～6组。

（3）仰卧高抬腿。仰卧快速高抬腿10～30秒，也可以拉橡皮条。

（4）悬垂高抬腿。手握单杠悬垂，两腿快速交替做高抬腿动作，20～50次，重复2～4组。

（5）快速小步跑。15～30米，3～5组，最高频率，强调踝关节屈伸当中的连贯性和协调性。

（6）快速小步跑转高抬腿跑。快速小步跑5～10米，身体前倾转快速高抬腿跑20～30米，重复4～6组。

（7）快速小步跑转高抬腿转加速跑。小步跑10米转高抬腿跑10米转加速跑

10 ～ 20米。

（8）高抬腿跑转加速跑。快速高抬腿跑10 ～ 15米转加速跑20米。

（9）高抬腿跑转车轮跑。高抬腿跑10米转车轮跑15米，2 ～ 4组×4 ～ 10次。

（10）快节奏高抬腿跑。高抬腿慢跑，听到信号后加快节奏以最快频率跑10 ～ 15米。

（11）踏步长标记高频跑。在跑道上画好步长标记，在行进间听到信号后踏标记高频快跑15 ～ 20米，2 ～ 4组×4 ～ 6次。

（12）跨跳接跑台阶。跨步跳，听到信号后快速跑台阶，要求逐个台阶跑，步频最高，如台阶固定可以计时跑，4 ～ 6组×6 ～ 8次。

（13）连续建立跨栏跑。5 ～ 6副栏架，栏间距短于标准栏间距1 ～ 2米，要求栏间跑加快频率，讲究动作节奏和加速跑，2 ～ 4组×4 ～ 6次。

（14）听节拍器或击掌助跑起跳。短程助跑，听到信号后加快最后三步助跑和快速放脚起跳，2 ～ 4组×8 ～ 12次。

（15）侧跳台阶。练习者侧对台阶站立，侧跳台阶，两腿交替进行，2 ～ 3组每组6 ～ 8次。

（16）左右腿交叉跳。在一条线上站立，沿着线两腿向左右两侧方向交叉跳，交叉跳时大腿高抬，快速转腿，动作速度加快，20 ～ 30米×4 ～ 6次。

（17）上步、交叉步、滑步或旋转投掷轻重量的器械。铅球、铁饼、标枪等投掷运动员在发展专项动作速度时往往"最后用力"投掷较轻重量的器械。

（18）纵跳转体。原地纵跳转体180° 或360° ，连续跳10 ～ 20次。

（19）跳抓吊绳转体。助跑跳起双手抓住吊绳，后仰收腹举腿，转体180°跳下，10 ～ 15次。

（20）快速挥臂拍击沙袋。原地或跳起快速挥臂拍击高悬沙袋，30次×3 ～ 5组。

（21）转身起跳击球。吊球距地面3米左右，原地起跳用手击吊球后在空中转体180° 落地，接着转身起跳击球，连续5 ～ 10次，重复3 ～ 5组。

（22）快速挥臂击球。原地或跳起挥臂击高吊的排球，连续击打，动作速度要快，有鞭打动作，20 ～ 30次，重复2 ～ 4组。

（23）起跳侧倒垫球。在排球网前站立，听到信号后双脚起跳摸网上高物，落地后迅速垫起教练抛来的排球，连续10 ～ 15次，重复3 ～ 4组。

（24）两侧移动。两物体高120厘米、相距3米，练习者站在中间左右移动，用右手摸左侧物体、左手摸右侧物体，计30秒内触摸物体的次数，重复3～4次。

（25）对墙踢球。距墙4～6米站立，以脚内侧或正足背连续接踢从墙上反弹回来的球，20～30次，重复3～5组。

（26）移动打球。6人站成相距2米的等边六角形，其中5人体前各持一球，听到信号后徒手运动员快速移动循环拍打持球者手中的球，每次移动拍打20次，每人完成2次循环为一组，重复2～4组。

（27）快速移动起跳。在篮板左下角听信号到后起跳摸篮板，落地后迅速移动到右侧跳摸篮板，8～10次，重复2～3组。

（28）上步后撤步移动。根据教练的手势或信号在乒乓球台端线做上步后撤步移动练习，移动速度快，持续30秒，重复2～3次。

（29）交叉步移动。在乒乓球台端站立，听到信号后左右做前交叉步移动练习，结合挥拍击球动作，动作速度加快，移动20秒，重复2～3组。

（30）技巧、体操、弹网运动员的转体练习。组合动作接转体动作尤其是接多周转体动作，要求运动员不仅要具有速度、力量等素质，而且还要有快速的动作速率及熟练而协调的技术能力。

（31）高山滑雪中的"小回转"练习。在雪道上设置若干小回转旗门，练习快速、准确回转过旗门。

第三节　耐力素质的测试与训练

一、耐力素质的测试

耐力是指人体持续进行长时间身体活动的能力。耐力可以分为有氧耐力和无氧耐力；又可以分为力量耐力、速度耐力。力量耐力是指肌肉在对抗阻力的情况下持续收缩的能力；速度耐力则是指维持长时间快速运动的能力。"耐力素质是人体在尽可能长的时间内进行肌肉活动的能力，耐力也可看作是对抗疲劳的能力。"[①]

（一）耐力素质的类别划分

不同的运动项目对机体体能的要求都不同，而耐力素质作为体能素质中重要的身体素质之一，在各种运动项目中，同样有着自己不同的特征和标准。机体耐力素质可以按照以下标准进行分类。

1. 按运动时间进行划分

（1）短时间耐力。通常将运动持续时间在45秒至2分钟的项目所需的耐力称为短时间耐力。完成这类运动项目所需的能量大多是通过机体的无氧代谢过程来提供的，在这些运动过程中，短时间内产生较高的氧债。而这类运动的运动成绩受机体力量与速度耐力素质的影响较大。

（2）中等时间耐力。通常将运动持续时间在2~8分钟的运动项目所需的耐力称为中等时间耐力。完成这类运动项目的负荷强度一般要比长时间的耐力项目的负荷强度要大。通常机体在运动过程中，氧气不能完全满足机体的运动需要，会在运动过程中产生一定的氧债。造成这种情况主要是因为无氧系统与运

---

① 高红，赵凡，范兵.关于学生耐力素质的现状分析与研究[J].内江科技，2012，33（6）：51.

动速度成正比的关系。在1500米跑的过程中无氧系统的供能几乎可以达到总供能的50%，而在3000米跑的运动过程中无氧系统的供能只能占到总供能的20%左右。这就说明了在运动中机体对氧的吸收和利用的能力，可以对机体的运动能力产生直接的影响。

（3）长时间耐力。通常将运动持续时间超过8分钟的运动项目所需要的耐力称为长时间耐力。这类运动项目的整个过程都是由氧系统进行供能的，对机体的心血管和呼吸系统进行高度动员。通常在此类运动过程中，运动员的心率可达到170~180次/分钟。

2. 按身体活动进行划分

（1）身体部位的耐力。身体部位的耐力主要是指机体的某一身体部位在进行长时间运动时，对抗疲劳的能力。例如，机体在对上肢或下肢进行较长时间的反复力量训练时，练习部位的肌肉出现酸胀、疼痛的感觉，如果继续训练，该部位就会出现肌肉活动困难的现象，这种对抗肌肉疲劳的能力表现，就是身体部位耐力水平的表现。在体能练习中，这种局部耐力水平的高低取决于一般耐力的发展水平。

（2）全身的耐力。全身的耐力主要是指整个身体机能在运动训练中，机体对抗疲劳的综合能力，可以反映出机体的综合耐力水平。

3. 按氧代谢方式进行划分

（1）有氧耐力。有氧耐力是机体在氧气供应充分的情况下，坚持长时间运动的能力。机体的有氧代谢能力是机体对氧气的吸收、运输和利用能力的综合表现。机体想要提高自身输送氧气的能力，就必须要进行一定的有氧耐力训练，只有这样才能提高机体的新陈代谢能力，增强承受运动负荷的能力。例如，大多数的球类运动项目和田径运动中的马拉松、越野跑、长跑、长距离竞走等长时间运动项目都需要有较高的有氧耐力水平。

（2）无氧耐力。无氧耐力是机体在氧气供应不足的情况下，坚持长时间运动的能力。一般情况下，无氧耐力运动项目的氧气供应很难满足机体的运动需要，机体会在无氧条件下进行运动，产生较大的氧债，而这类运动所产生的氧债，一般都需要在运动结束后才能得到偿还。因此，机体进行无氧耐力训练的主要目的是提高自身抗氧债运动的能力。而在无氧耐力中，我们还可以将其分为非乳酸供能的无氧代谢和乳酸供能的无氧代谢两种形式。

（3）有氧与无氧混合耐力。有氧与无氧混合耐力是一种介于有氧耐力和无氧耐力之间的特殊耐力，进行此类运动时，机体的有氧和无氧代谢同时参与供能。通常运动的持续时间长于无氧耐力而短于有氧耐力。例如，拳击、摔跤、柔道、跆拳道等对抗性项目，以及田径运动中400米、400米栏和800米等项目都是需要有氧和无氧混合耐力的。

4. 按肌肉工作方式进行划分

（1）静力性耐力。通常将机体在长时间的静力性肌肉工作中克服疲劳的能力称为静力性耐力，它在射击、射箭、举重的支撑、吊环的十字支撑等项目中都有所体现。

（2）动力性耐力。通常将机体在长时间的动力性肌肉工作中克服疲劳的能力称为动力性耐力，它在长跑、滑雪、游泳等运动项目中都有所体现。

5. 按运动项目耐力进行划分

（1）一般耐力。一般耐力是指机体多肌群、多系统长时间工作的能力。不管运动项目的特点如何，拥有良好的一般耐力，是达到各种训练要求的基础。但是，由于一般耐力是不同形式耐力的综合表现，对不同的运动项目来说，项目特点对它也有不同的要求。因此，在进行一般耐力训练时，应充分考虑一般耐力与专项耐力之间的关系。

（2）专项耐力。专项耐力是指机体为了获取专项成绩，最大限度地动员机能能力，克服专项负荷所产生的对抗疲劳的能力。专项耐力会根据运动项目的不同，而表现出不同的特点。例如，短距离跑、蹬自行车等项目的专项耐力需要有保持较长时间高速度的速度能力；举重、摔跤、拳击、体操等项目的专项耐力需要有力量性的力量耐力和静力性耐力；球类项目的专项耐力需要有在较长时间内保持带有大量极限强度动作（快速移动、进攻、防守、打击）的抗疲劳的能力。通常专项耐力的训练，机体会承载较大的训练量和负荷强度，并且会随着训练阶段的变化，而使身体训练、技术训练的负荷总量有规律地增长。在专项耐力的训练过程中，机体还会建立一定的专项耐力储备，促使机体更好地完成专项训练任务。

（二）耐力素质的测试方法

耐力素质的测量方法很多，在小学阶段一般用50米×8折返跑来评价小学生的耐力素质；中学阶段以上一般用800米跑的成绩来评价女生的耐力素质；

而初中以上年龄的男生一般用1000米跑的成绩评价耐力素质。测试青少年耐力素质的另一种方法是12分钟跑，通过记录12分钟内被测试者跑的距离来评定其有氧耐力水平。当然12分钟跑运动量较大，一般适合身体素质较好的青少年。静坐少动者、心血管疾病患者一般不宜用12分钟跑进行测试，具有一定的危险性。

（三）耐力素质的评价指标

机体的耐力素质在众多体育运动项目中占据着重要的地位，对这些项目的运动成绩具有极为重要的影响。而对耐力素质，可以通过一定的评价指标来进行评定。例如，一般耐力通常是以机体持续完成运动的时间或距离来进行评定的，常用的评定指标是耐力跑的时间或12分钟跑的距离；而有氧耐力通常以个人的最大吸氧量和无氧阈为评定指标；无氧耐力一般则以无氧性运动的成绩结合血乳酸浓度的变化为评价指标来加以评定；肌肉耐力是依据肌肉完成规定强度的练习次数、平均做功能力或者表面肌电信号平均功率频率变化斜率等物理和生理指标进行检测与评价。需要指出的是，这些评价指标也会随着耐力的不同分类而发生一些变化。

（四）耐力素质测试的注意事项

第一，受试者应穿着宽松、有弹性的运动服装，并穿上舒适的运动鞋，否则会影响运动能力的发挥。

第二，在耐力测试前应做好准备活动，防止肌肉拉伤，并能提高运动成绩。

第三，耐力测试运动量较大，运动过程中可能会出现"极点"，受试者应用自己的意志力克服，然后可以迎来"第二次呼吸"，测试完成后要进行积极性休息，如按摩、放松活动和整理活动，以免出现延迟性肌肉酸痛现象。

二、耐力素质的训练

（一）耐力素质训练的影响因素

1. 生理学因素

（1）影响有氧耐力的生理学因素。

第一，氧运输系统的功能水平。机体的呼吸、血液和血液循环系统组成了整个氧运输系统，这一系统起到了为机体运输氧气、营养物质和代谢产物的作用，这也是有氧耐力水平的决定性因素。其中机体血液的载氧能力和心脏的泵血功能，是决定机体氧运输系统的功能水平的重要因素。机体中血液的载氧能力受血液中血红蛋白含量高低的影响，通常情况下，机体中1克血红蛋白可以结合1.34毫升氧气，血液中的血红蛋白含量越高，血液结合的氧气就越多，其载氧量就越高。一般成年男性每100毫升血液中血红蛋白含量约为15克，每100毫升血液中血氧容量约为20毫升，而女性和少年儿童血液中的血红蛋白含量和血氧容量都要略少于成年男性。在一些耐力项目优秀运动员中，其血液中的血红蛋白含量可以达到每100毫升血液中含16克血红蛋白，比一般成人和其他项目的运动员都要高，因此，其血液的载氧量也会超出一般人。

机体的最大心排血量（心脏每搏输出量与心率的乘积）是心脏泵血功能水平高低的重要表现。机体的最大心输出量越大，外周肌肉组织在单位时间内获得的血流量越多，氧气的运输量也越大。运动生理学研究发现，一般优秀的耐力项目运动员的心室腔容积和心室壁厚度都要比非耐力性项目运动员和一般人要大，并且他们心脏每搏的输出量可以达到150～170毫升，而普通成人则大多只能达到100～120毫升。

此外，优秀耐力运动员的心肌收缩力也会比非耐力性项目运动员和一般人要大，射血的速度也较快，运动时心率即使高达200次/分钟，每搏输出量仍不减少，这些都是其具有较高的氧运输功能的生理学基础。

第二，骨骼肌利用氧的能力。人体的肌肉组织可以从流经毛细血管的血液中摄取和利用氧气。肌肉中的肌纤维类型和它的有氧代谢能力，会对肌肉组织摄取和利用氧气的能力产生直接的影响。肌肉中的Ⅰ型肌纤维比例越高，有氧代谢酶活性就越高，而肌肉组织摄取和利用氧气的能力也就越强。一些优秀的耐力项目运动员都具有这些特点，他们通常具有较高的慢肌纤维百分比，线粒体数量多，有氧氧化酶活性高，毛细血管分布密度大，这些都使得他们的肌肉具有很强的氧气摄取和利用能力。机体的心输出量是决定其有氧耐力水平的中心机制，而肌纤维类型的百分构成及其有氧代谢能力则是决定有氧耐力水平的外周机制。

同时，能够对人体骨骼肌运动时的氧利用能力进行整体反映的还有无氧阈。以无氧阈的最大吸氧量相对值表示法为例，其比值越高，反映肌肉的氧利用能力就越强。通常情况下普通成年人的无氧阈最大吸氧量在65%左右，而一些优秀的耐力项目运动员的无氧阈最大吸氧量可以达到80%以上。

第三，神经系统的调节能力。在进行耐力素质训练时，对练习者神经系统提出了较高要求。它需要练习者的神经系统能够保持长时间的兴奋状态和抑制节律性转换，并且能够使机体的运动中枢和内脏中枢之间进行协调活动，以实现保持肌肉收缩和舒张的良好节律以及运动器官和内脏器官活动之间的协调和配合。机体神经系统的调节功能可以通过耐力素质训练进行有效的改善，使机体更能适应耐力素质训练的需要，这一点也是耐力项目运动员能够坚持长时间运动的生理学原因之一。

第四，能量供应及其利用效率。肌糖原和脂肪的有氧氧化为机体进行耐力性运动训练提供了主要的能量。若机体中肌糖原含量不足，其耐力性运动训练成绩会受到明显的影响；反之，机体拥有充足的肌糖原储备，并且对有氧氧化产生的能量进行有效的利用、节约肌糖原利用以及提高机体中脂肪的利用比例等，都能使机体的耐力水平得到有效的提高。

机体的能量利用效率是机体在单位耗氧量条件下的做功能力。通过对耐力项目运动员运动训练的研究，发现多数的耐力项目运动员产生运动成绩差异，有65%是由于机体能量利用效率的不同而造成的。

第五，年龄与性别。人体在发育过程中，其自身的最大吸氧量绝对值表示的机体最大摄氧能力会随着人们年龄的增长而逐渐提高，其中男生发育到16岁、女生发育到14岁时最大摄氧能力达到顶峰。14岁时，男女最大吸氧量的绝对值差异约为25%，16岁时高达50%。但如果以相对值"毫升/（千克·分钟）"表示，在6～16岁，男生的最大吸氧量会稳定在53毫升/千克·分钟的水平，而女生则是从52毫升/千克·分钟慢慢下降到40.5毫升/千克·分钟，而造成这一差异的主要原因，可能是女性体内脂肪含量会随年龄的增长而高于男生。在25岁以后，机体的最大吸氧量会以约每年1%的速度递减；到55岁时，机体的最大吸氧量相比于20岁时平均减少了27%。

（2）影响无氧耐力的生理学因素。

第一，骨骼肌的糖无氧酵解供能能力。肌糖原的无氧酵解为机体的无氧耐力提供主要的能量，而机体中肌纤维百分构成和糖酵解酶催化活性会直接对肌糖原的无氧酵解供能产生影响。经过不同运动项目的专项训练后，运动员之间的肌纤维百分构成和糖酵解酶活性会出现较为明显的差异，其各个项目的特征表现得非常明显，这也表明了这两项因素在无氧耐力发展方面起到了决定性的作用。

第二，对酸性物质的缓冲能力。由于肌肉糖酵解过程中会产生大量的H^+，它们会大量积累在肌细胞内，并且会向血液中扩散，造成机体肌肉和血液中酸性物质增加，对机体细胞内和内环境的理化性质造成一定干扰。在人体肌肉和血液中，存在一些中和酸性物质的缓冲物质，它们是一种由弱酸以及弱酸与强碱生成的盐按一定比例组成的混合液，其主要作用就是缓冲酸、碱物质，保持体内pH值的相对稳定。

第三，神经系统对酸性物质的耐受能力。虽然机体内酸性物质的快速积累，会通过肌肉和血液中的缓冲物质得到缓冲，但对于肌肉和血液的pH值向酸性方向发展却是无能为力。通常情况，人体在安静状态下，其血液的平均pH值为7.4，骨骼肌细胞液的pH值为7.0左右。但是，当机体进行相对剧烈或长时间的运动时，其血液和骨骼肌细胞液的pH值均可能出现明显的降低。血液的pH值可能会降至7.0左右，骨骼肌细胞液的pH值则可能会降至6.3。神经系统对运动肌的驱动和对不同肌群活动的协调作用是影响无氧耐力的一个重要因素，而神经系统的这类功能会受到大量酸性物质的影响，从而对运动过程中运动单位的激活和中枢控制的协调性产生一定影响。如果经常参加无氧耐力的训练，则可以使神经系统对酸性物质的耐受能力得到有效的提高。

2. 个性心理特征

运动员的运动动机和兴趣以及面临运动活动的心理稳定性、努力程度、自持力和意志品质都直接影响耐力水平的发展，特别是意志品质在耐力训练中起着非常重要的作用。在长时间运动出现疲劳的情况下以及在以强度为主的训练中，意志品质的重要作用体现得尤为明显。如果运动员的意志力不能强迫神经中枢继续工作，甚至提高工作强度（如终点冲刺），便不能保持运动所要求的强度水平。人类具有极大的耐力潜力，这种潜力只有通过充分动员起来的意志力去战胜由于疲劳而出现的软弱，才能得到最大限度的发挥。

3. 运动技能水平

耐力素质是一名运动员参加训练和比赛时非常重要的一项基本素质，其耐力素质的高低对能否取得优异的运动成绩有着极为重要的影响。因此，在任何一个运动项目中都应把耐力素质作为基础素质来发展。耐力素质要想得到很好的发展还必须具备一定的运动技能水平，运动员运动技能水平的高低对耐力素质的发展起到重要的作用，运动技能水平高有利于耐力素质的提高；反之，则阻碍耐力素质的发展。

（二）耐力素质训练的主要方法

1. 间歇训练法

间歇训练法对速度耐力和短跑耐力水平影响较大。周期性的方法包括所有的休息方法，如慢跑或步行。但放松练习也是其中的一部分。当心率恢复到120~130次/分时，开始下一个训练。这是因为间歇训练法是运动员身体无法完全恢复时的下一个练习。它对身体有以下影响：

（1）有效提高人体每分钟的生产力，增加心肌收缩力和心排血量。

（2）有效改善人体的呼吸功能，尤其是最高的摄氧量。

（3）适用于压力时间相对较长、压力强度相对较低的长跑或中长距离跑，可以有效提高有氧消化能力和糖原的有氧耐力水平。

（4）适用于负重时间相对较短、强度相对较高的中距离跑步，有时也适用于较长时间的跑步。

2. 持续负荷法

许多耐力运动（如划船、游泳、骑自行车、中长跑等）经常采用连续负重的方式进行越野训练，并产生很好的效果（例如使用短跑）。通过变速训练，可以在运动中逐渐提高速度，例如：以较慢的速度覆盖前1/3的距离，然后可以将速度提高到略低于中等强度的水平，并且可以以中等强度速度覆盖最后1/3的距离。

此外，强度可以从中间到第二高水平连续变化。例如，每1~10分钟最大运动强度后，可以交替进行中级运动，以确保在下一次增加负荷前身体稍有调整。以最高速度心率可达到约180次/分钟，恢复时间减少至约140次/分钟。脉动波状强度的交替排列对于负重训练很有用，能有效改善心脏和中枢神经系统的机能。

3. 重复训练法

重复训练法是指以给定的距离、持续时间和重量强度重复锻炼的方法。在不改变动作结构和有效载荷体积的情况下，这种训练方法的主要作用是提高无氧代谢的短跑运动员的耐力水平和混合代谢的中级跑者的耐力水平。

（1）200米、400米等短距离比赛，可以有效地发展和提高乳酸动力供应系统的水平。由于项目对高速耐久的要求，即使在长距离（300～500米）反复跑一段时，身体也会产生负氧量。

（2）中距离比赛中的短距离比赛，如800米比赛，无氧代谢的比例较高，跑步时需要更多的氧量。因此，在500～1500米内重复，不仅可以提高身体对缺氧的耐受性，还可以增加大量乳酸的积累。

（3）长跑训练负荷高。每分钟的氧气含量和循环系统必须充分调动。因为长时间的循环和呼吸系统有时间克服惯性，逐渐提高工作水平，所以通过反复长跑，可以提高循环和呼吸系统的机能水平。

重复训练法是比赛期间训练的主要方法，并且主要在比赛开始时使用。根据运动员的实际情况，刺激的量和刺激的强度可以在一定范围内变化。但一般情况下，刺激量和刺激强度是相对稳定的。重复训练法的一个特点是在运动时间内心率恢复到100～120bpm时进行下一个运动，运动距离、运动重量和动作有明显的特点。

4. 循环训练法

循环训练法是基于特定训练任务建立多个练习"点"或多个练习"站"的方法。每个"站"包含一个或多个与一般耐力发展相关的链接。为使运动员能够遵循给定的顺序和路线，为每个站设置练习次数、方法和要求，每个站进行一个训练，可以进行一周或数周。这是因为循环训练中下一站的锻炼是在上一站的锻炼对身体的刺激上留下了"痕迹"的基础上进行的。从第二次练习到站立，每个站的锻炼量几乎超过了前一站的负荷。因此，心血管训练对循环系统和全身功能的改善和发展有很大的影响，同时可以充分攻击运动员不同部位的肌肉，局部肌肉拉伤和恢复可以交替进行。运动员对训练的兴趣正在增长，因此心血管训练对整体耐力的发展产生了有益的影响。

5. 高原训练法

高原训练法是指在海拔较高、空气中含氧量较低的高原地区进行训练的方法，比如我国在青海多巴、云南昆明等地都有高原培训基地。2000米左右的海拔高度可以培养运动员的有氧代谢能力，提高运动员到达高原后刻苦训练和参加激烈比赛的能力。

高原训练期间，因为高原空气中的含氧量比平原少，这增加了对身体心血管和呼吸系统的需求，提高了运动员在训练和适应过程中的通气和呼吸效率，这种改善促进了呼吸和循环的功能。高原训练后运动员血液中的红细胞和血红蛋白含量会增加，这提高了身体向血液输送氧气的能力，同时扩张和增厚了肌肉的毛细血管。因此，它大大改善了肌肉细胞的能量代谢和有氧能量供应。

（三）耐力素质训练的基本内容

1. 间歇跑训练

（1）间歇跑训练的方法。练习者采用快跑一段距离后，再慢跑或走一段距离的中途有间歇的跑法。跑的速度、距离与间歇时采用慢跑或走以及练习的次数，应根据练习目的而定。

（2）间歇跑训练的作用是发展专项耐力水平。

（3）间歇跑训练的要求。快跑的速度应使脉搏达到每分钟170～180次，中途间歇；慢跑或走时，应使脉搏控制在每分钟120次左右时再进行下一次练习。

2. 持续慢跑训练

（1）持续慢跑训练方法。练习者采用较慢速度持续跑较长的距离，发展有氧耐力。跑的速度、距离、重复次数等应根据练习目的确定。

（2）持续慢跑训练的作用是发展一般耐力水平，提高有氧供能能力。

（3）持续慢跑训练的要求。在持续慢跑时，心率以每分钟150次左右为宜，以发展练习者的一般耐力水平。

3. 变速跑训练

（1）变速跑训练是一种按一定距离变换速度的跑法。在跑的过程中，以中等速度跑一段距离后，再以较慢速度跑一段距离。

（2）变速跑训练的作用是发展有氧和无氧代谢能力，提高一般耐力和专项耐力水平。

（3）变速跑训练的要求。中速跑与慢速跑交替进行相同的距离或中速跑的距离较慢速跑稍短一些，变速的交替次数依练习目的而定。

4. 越野跑训练

（1）越野跑训练的方法。可采用个人或结伴的形式，进行距离较长、强度较小的、在野外自然环境中的跑步，在跑步中应保持正确的跑的姿势，充分利用野外的上坡、下坡等地，进行跑的练习以发展一般耐力水平。

（2）越野跑训练的作用是发展一般耐力水平，提高有氧代谢能力。

（3）越野跑训练的要求。越野跑时应穿软底鞋，跑的距离及时间根据个人特点和练习目的确定，跑的过程中脉搏应保持在每分钟150次左右。

5.追逐跑训练

（1）追逐跑训练的方法。在田径场或自然环境中，采用多人相互追逐的形式。追逐时间可选择一定的距离追逐，然后再慢跑或走，反复追逐。追逐跑的距离、速度根据练习目的而定。

（2）追逐跑训练的作用是发展速度耐力、无氧与有氧代谢水平。

（3）追逐跑训练的要求。同伴之间相互保持5～10米的距离，用中等或较快的速度追逐对方，慢跑时应使脉搏不低于每分钟100次。

6.匀速持续跑训练

（1）匀速持续跑训练的方法。采用中等速度持续跑较长或一定的距离，在跑的整个过程中，保持一定的速度，用匀速跑完练习规定的距离。

（2）匀速持续跑训练的作用是发展专项耐力水平，提高混合代谢能力。

（3）匀速持续跑训练的要求。速度达到中等速度，心率保持在每分钟150次左右，以匀速持续跑一定距离。

第四节　柔韧素质的测试与训练

一、柔韧素质的测试

柔韧的本义是柔软而有韧性。柔韧素质，从本质上来讲是指人体全身关节的运动幅度，而一个关节的运动幅度则是指该关节相邻两环节之间运动范围的极限角度。

柔韧素质是人体的一种重要身体素质。很多的运动项目对柔韧素质都有很高的要求。良好的柔韧素质可以降低日常生活中遭遇意外情况时受伤的概率；改善身体形态，增加身体的美感，提升自身气质；有利于肌肉力量和速度的发挥，加大运动幅度；能够提高关节的灵活性，增加动作的协调优美感；防止、减少伤害事故的发生，延长运动寿命。柔韧素质的好坏与关节构造、关节囊的厚薄及松紧度、关节肌肉、肌腱和韧带多少及强度、关节周围骨突起情况、外界环境的温度、年龄、性别、准备活动情况等有关。

（一）俯卧双臂上抬测试

取俯卧位，下颌着地，两臂前伸，肘关节伸直，两腿伸直，双手与肩同宽，手中正握一木棍，然后两臂用力上抬，保持下颌始终着地，在双臂上抬到最高点时测量木棍（中点）到地面的距离，计算上抬指数=上抬高度/臂长，该值越接近于1表明柔韧素质越好。

（二）转肩测试

青少年身体直立，两手握一毛巾，两臂同时上抬，保持肘关节伸直，毛巾越过头顶，绕至体后，然后再握住毛巾，双臂由体后越过头顶绕至体前，即为完成。当两臂上抬到达头顶时，如果感觉难以完成，可以适当放松双手，让毛巾在手中自然滑动，增加两手间距。用直尺或钢尺测量两手间距，并记录读数，计算转肩指数=两手握距/肩宽，转肩指数越小表明肩部柔韧性越好。

（三）背后双手互握测试

受试者身体直立，双腿并拢，两眼平视，一手越过肩部向后，屈肘绕至脑后，置于两肩胛骨中间位置，肘关节尽量上抬；另一手从对侧向下，屈肘并绕至背后，手背与背部皮肤相贴并尽量上伸；两手尽可能在背后肩胛骨中部互握。若双手在背部不能相触，则测量两手中指间距离并记为"–"，若两手刚好相触则记为0，相互能够重叠互握则记为"优"。

（四）转体能力测试

在地面划一直线，并在直线中间点做一圆形标记。受试者立于直线中央，两脚分开对称分布在标记点两侧，双脚与肩同宽，两足跟与线齐平，两臂后伸并屈肘，将一根长约1.5米的木棍横夹于体后，木棍与地面平行，且木棍两端长度一致，身体绕垂直轴转体，双脚不能移动，两膝不能弯曲，达到最大范围后，测量者将一重垂线放置于木棍顶端，在重垂线的落地点到直线中心标记点做一条线（或拉一条线），用大量角器测量两线的夹角即为青少年的转体角度，角度越大柔韧素质越好。

（五）坐位体前屈测试

受试者坐于垫上，两膝关节伸直，两脚置于坐位体前屈测试仪的测试板上并紧紧相贴。躯干前屈，两臂前伸，指尖触及游标并尽力前推，直至无法继续向前为止，读取游标刻度，指尖未达到测试踏板成绩为"–"值，指尖刚好达到测试踏板成绩为"0"，指尖越过测试踏板成绩为"+"值，数值越大表明柔韧素质越好。

二、柔韧素质的训练

（一）柔韧素质训练的相关概念

1. 人体柔韧性

柔韧性是指人体不同关节的运动范围和肌肉、肌腱、韧带等软组织的弹性。弹性有两层含义：①关节活动范围的大小；②软组织的柔韧性，如肌肉、肌腱和韧带，使关节扩张。关节的运动范围在很大程度上取决于关节本身的装置结构。跨越关节的肌肉、肌腱和韧带等软组织的柔韧性在很大程度上是通过适当的训练实现的。

灵活性在运动中非常重要。它是有效技术改进的必要基础，也是保证体育技术水平提高的根本因素之一。当弹性不好时，学习运动技能的过程会立即减慢并变得更加复杂，并且通常不可能学习一些非常重要的技术来完成比赛。关节灵活性差会限制力量、速度和协调性的发挥，降低肌肉协调性、出汗并影响其他运动素质的发展，并且通常是肌肉和韧带损伤的原因。人体柔韧性主要具有以下特点。

（1）年龄的阶段性。不同年龄阶段的运动员对柔韧素质的要求是不一样的，各个年龄阶段有各自不同的要求。例如，对体操运动员来说，10岁左右的柔韧要求可能是快速提高关节活动的空间与幅度，而16岁时的柔韧要求是保持现有良好的柔韧性。

（2）相对性。适当的柔韧素质训练有助于运动素质的保持和发展，柔韧练习少则达不到提高一般或专项素质的要求，柔韧练习太多则容易造成韧带松弛、关节不稳或肌肉受伤，因此说柔韧训练是相对的，一般柔韧性的要求是为力量、速度等素质训练要求服务的，只要能满足运动竞技的需求，无须练得太多。

（3）差异性。

第一，项目差异性。在众多的运动项目中，显然各项目对运动员的柔韧素质要求是不一样的，例如，体操运动员由于要完成大量的翻、转体、团身等屈伸动作，对关节韧带活动要求显然高于球类运动项目运动员。

第二，个体差异性。人的发展阶段存在个体差异性，同样在运动项目中也存在这种差异性，不但不同的个体存在差异，而且同一个体的不同身体部位（关节）的运动幅度也不一样，男女运动员由于生理上存在差异，女性的肌纤维细长，横断面积小于男性，对关节活动限制小，因此女性关节灵活性好于男性。

（4）可逆性。柔韧素质发展快，易见效，但消失也快，停训时间稍长，就会消失，该过程是可逆的，因此在实际训练中须注意柔韧素质的保持。

2. 柔韧素质

柔韧素质通常指关节活动的范围，其中包含关节在不同方向活动的幅度，也可理解为髋关节肌肉、肌腱、韧带的伸展性。

在运动中，柔韧素质表现为完成大幅度或极限幅度动作的能力或人体关节在不同方向上的运动能力以及肌肉、韧带的伸展能力。柔韧素质取决于关节的灵活性、结构以及韧带、肌肉的弹性和神经系统对肌肉的调节能力等。

运动员的柔韧素质是和项目具有关系的肌肉、关节活动幅度的能力。人体中各个关节的运动幅度都表现出自身的特异性，不同关节之间的柔韧素质并不具有任何相关性。柔韧素质与身体比例、体表面积、皮肤维度、体重之间存在一定的相关性。

3. 柔韧素质训练

训练柔韧素质不仅能够提升人体的运动能力，而且也能够降低运动损伤发生的可能。柔韧素质训练的主要意图在于扩大运动关节的活动范围。柔韧素质对于运动员而言是非常重要的能力，肌肉活动范围的大小影响着运动员的表现情况与能力发挥。

柔韧素质的提升能够推动运动员力量的增进与速度的加快，而且也有利于缩短肌肉训练后的恢复时间与减轻僵硬感。赛前热身阶段的柔韧素质训练能够帮助运动员在生理与心理方面做好充足的准备；另外，柔韧素质训练能够在一定程度上避免出现肌肉拉伤、韧带损伤及过度使用带来的伤痛，同时还可以减轻或缓解肌肉运动后的酸痛、后背疼痛和痉挛等。为了预防伤痛，运动员在柔韧素质训练上的付出是值得和必要的。无论是训练前后，还是比赛前后，柔韧素质训练都有助于获得高水平的运动表现。其具体作用表现在以下方面：

（1）活动深层肌纤维，减少肌肉紧张感。

（2）刺激关节润滑液的分泌、热身滑囊以及滑液的生成。

（3）提高呼吸频率，增加心率和血流量。

（4）减少运动损伤出现的概率。

（5）提高心理的准备适应性和放松程度。

（6）提高动作学习、练习的效率，提高运动成绩。

（7）缓解肌肉训练后的酸痛，减轻女运动员的痛经症状。

（8）避免运动员退役后关节的活动幅度降低以及疼痛现象。

（9）与其他类型的训练相结合时，柔韧性练习就是一种很好的热身或放松运动，柔韧练习还可提高神经系统与肌肉组织的协调性。

（10）通过加大动作幅度促进力量和速度的发挥。

（二）柔韧素质训练的基本方法

1. 静力法

静力法，是指在身体部位固定静止的状态下对肌肉等组织进行适时牵拉的柔韧素质训练方法。肌肉预先被拉长后静止状态保持一段时间的牵拉练习或操作称为静力性柔韧素质训练。这种训练方法由运动员个体进行，因此静力法也称作"个体柔韧素质训练法"。静力法是在缓慢动力拉伸的基础上，在达到一定程度后保持静止、进行拉伸训练的方法。

静力法要求在平缓的动作里渐渐达到训练的幅度要求。静力法所达到的训练要求为个体感觉到被牵拉目标出现适度的不适为宜（例如，感觉肌肉被拉紧，有一点难受）、但不能出现剧烈的疼痛。保持某一牵拉姿势15～20秒或10～30秒，每个动作重复2遍。每周训练5～7次，每次尽量做全身性柔韧练习。

在静力训练里也表现出一些变化，如在放松的同时拉长肌肉。静力法的优势包括：①不启动牵张反射；②可以有效缓解肌肉训练以后的酸胀疼痛；③受伤的可能性较低；④不会消耗过多的力量；⑤各个项目都能使用，然而错误的、长时间的静力牵张也会造成肌肉损伤。

采用静力法的训练阶段，主要包括：①轻松牵拉，肌肉小幅度牵拉；②逐渐增加强度，或称为"感觉牵拉"；③极限牵拉，有较为强烈的疼痛感。具体程序为：在静力训练中，身体始终保持放松，自然呼吸。缓慢进行目标肌的动作，牵拉，逐渐感受到肌肉被牵拉，在此基础上，增加强度保持10～15秒，在牵拉过程中避免振摆，若是必要的话，可以继续加大强度，直到出现一定的疼痛感，并渐渐加剧。当疼痛感加剧时，可逐渐降低强度。

2. 动力法

动力法，是指身体在大幅度条件下进行的摆动式柔韧素质训练法。相比之下，动力法较静力法更具活动性。动力法通常安排在静力练习后，主要针对专项训练和比赛。动力性的柔韧素质训练法是对肌肉、关节动态的强化刺激，是专项性热身的重要组成部分。相较于静力法，动力法显得更加自由，启动和结束都呈现动态的样式。在提高关节柔韧度上，静力法与动力法取得的效果并无显著的区别，但是动力法在实施过程中身体更易受伤，特别是存在旧伤时，危险指数快速增长。并且，使用动力法并希望超过自身关节活动幅度开展训练时，最容易受伤。此外，动力法主要适用于下肢和躯干部，上肢较少使用。

动力性柔韧素质训练为专项化训练与比赛创造相应的活动空间，发挥着静力与专项活动之间的纽带作用。可见，动力法是更贴近专项运动的柔韧素质训练法，它通常有站立式动力活动和专项运动状态下的柔韧素质训练方式。

3. 被动法

被动法是指由教练或队友对运动员进行柔韧素质训练的方法或运动员由教练或队友辅助进行柔韧素质训练的方法。相较于个体柔韧素质训练法，被动法的优势表现在可以提升关节活动的范畴，超出主动静力牵引的范畴。尽管被动法能够充分挖掘个体的柔韧潜能，然而安全性是被动法的重点。

在实践的磨合中，教练或队友与运动员之间会形成训练默契，逐渐掌握牵拉和持续的尺度，相互之间能够进行练习。这在一定意义上强化了队员之间的交流并形成更加良好的团队氛围。主动牵拉的一方应当掌握着准确的牵拉技术，主要包括：①牵拉过程应当平缓并且具有可控性；②在被动训练过程中，避免出现丝毫的疼痛感；③在训练过程中应当合理把控时间的尺度，彼此之间维持着流畅的语言交流。

4. PNF法

PNF法即本体感觉神经肌肉促进疗法，是指利用人体本体感受性神经—肌肉互动特性而进行的柔韧素质训练方法。PNF法通过主动肌和被动肌的交替收缩与放松，利用牵张反射原理抑制肌肉收缩从而达到牵拉的目的。在PNF法实施过程中，被牵拉目标（主动肌）收缩力减小，柔韧性增加。PNF法另一个优势在于因为肌肉等长与向心收缩，能够推动力量增长。相较于静力法，PNF法会使主动肌放松、等长收缩和向心收缩，被动肌放松和向心收缩。

PNF法对队友或者教练提出了很高的要求，队友或者教练一定要掌握PNF法的使用方式，为了规避出现运动损伤，应当按照循序渐进的方式开展。通常情况下，PNF法有三种形式：保持—放松、收缩—放松、缓慢颠倒保持—放松。

PNF法是被动法的特殊形式。在保证安全的前提下，正确的要领非常重要。在PNF法中，也有收缩—保持—放松—运动和收缩—运动—放松两种形式。

以股二头肌为例，收缩—保持—放松—运动的程序为：在队友或教练对股二头肌施力时，运动员大腿后群肌等长收缩，保持5～10秒，然后放松10秒，随后进一步施力，重复上述程序，连续做3次。在做股二头肌PNF时，队友用语言指导运动员完成柔韧练习，如在施力时说"收缩对抗"，在牵拉后说"现在开始放松"。收缩—运动—放松形式的练习是运动员主动收缩股二头肌，在预定的范围内，不断地在牵拉中收缩和放松。能够进行PNF法训练的部位，包括小腿三头肌、踝关节、胸肌、缝匠肌、股二头肌、伸髋肌群、股四头肌和屈髋肌群。

三、身体不同部位的柔韧素质训练

（一）颈部

颈部类似圆柱体，肌肉分布在其四周，包裹着颈椎和气管、食道。颈部肌肉牵引着头部保持平稳，其牵拉方式与其分布具有十分紧密的联系。依据圆柱体特征，可将颈部肌肉分为颈后部、颈前部、颈侧部肌肉。

颈部在受到伤害或者伤后恢复阶段，应当规避开展柔韧素质训练。颈部的柔韧素质训练能够在一定程度上平复由于长久坐立或者慢性静力性肌肉劳损引发的颈部肌肉疼痛。颈部肌肉的构造是开展合适的柔韧方法设计的基础。

1."左右看齐"

（1）"左右看齐"的牵拉目标：胸锁乳头肌。

（2）"左右看齐"的练习方法：站姿或坐姿，头颈部保持竖直，依次最大用力幅度向右转头，保持15～30秒，向左重复15～30秒，各重复2～3组。

（3）"左右看齐"的动作要点：加大强度，可尽力向左右侧转头至最大用力幅度。

2.头前探

（1）头前探的牵拉目标：胸锁乳头肌、枕骨下肌、颈夹肌。

（2）头前探的练习方法：站姿或坐姿，头颈部竖直，头颈部向下背屈，下颌靠近胸部，保持10秒，如果下颌接触胸部，那么再向下移动。头颈部向后，靠近斜方肌，保持15～30秒，重复2～3组。

（3）头前探的动作要点：双手交叉放于头顶部，向下施力，使下颌部靠近胸部，保持15～30秒，重复2～3组。

3.屈腿仰卧起

（1）屈腿仰卧起的牵拉目标：斜方肌。

（2）屈腿仰卧起的练习方法：仰卧，屈腿，小腿靠近大腿后部，双脚撑地，脚尖向前，双手交叉，扶在头后，双臂内扣，靠在头部两侧，呼气，双手施力向上（胸部）拉头部和颈部，保持15～30秒，重复2～3组。

4. 俯身前顶

（1）俯身前顶的牵拉目标：斜方肌、颈部肌群。

（2）俯身前顶的练习方法：跪姿，双膝触地，双臂屈，前臂及手掌撑于地面，头顶部触地，上体团身，臀部向上，呼气，头部不动，肩部向前顶，下颌靠近胸部，保持30秒，重复2～3遍。

5. 头后仰

（1）头后仰的牵拉目标：胸锁乳头肌、枕骨下肌、颈夹肌。

（2）头后仰的练习方法：站姿，头后仰至最大或次最大幅度，保持15～30秒，重复2～3组。

（3）头后仰的动作要点：平躺在宽凳上，头部在外悬空，头部尽量向下沉，保持15～30秒，重复2～3组。

（二）肩部

肩关节是最灵活的关节，活动方向和幅度也分别最多、最大，因此，针对肩关节部位的柔韧素质训练手段也很多。肩部肌肉柔韧素质训练涉及三角肌前束、中束、后束或分为肩带、肩肘、肩侧等部位。

1. 体后直臂上抬

（1）体后直臂上抬的牵拉目标：三角肌、胸大肌。

（2）体后直臂上抬的练习方法：站姿，双手后背并交叉握拳，伸直手臂，缓慢上抬手臂，保持15～30秒，头部保持竖直，肩部放松，重复2～3组。

2. 坐姿后倾

（1）坐姿后倾的牵拉目标：三角肌、胸大肌。

（2）坐姿后倾的练习方法：坐姿，双腿并拢放于地面上，双手背后支撑，手掌距臀部30厘米，手指指向身体后方，双手逐渐向后移动，同时后倾。保持15～30秒，重复2～3组。

3. 悬空坐姿沉臂

（1）悬空坐姿沉臂的牵拉目标：三角肌。

（2）悬空坐姿沉臂的练习方法：双手撑于低椅或长凳（50厘米）边沿，前臂与上臂呈90°，上体距椅边40厘米左右，双腿屈膝或直膝，双脚掌或脚跟触地，呼气，沉臂至最低或感觉三角肌被适度牵拉时，保持15～30秒，重复2～3组。

（3）悬空坐姿沉臂的动作要点：加大强度时可抬高脚尖放于高凳上，增加下沉距离。

4. 仰卧直臂挺胸

（1）仰卧直臂挺胸的牵拉目标：三角肌。

（2）仰卧直臂挺胸的练习方法：坐于地面上，双手在体后支撑，距离臀部30～50厘米，手指指向外，呼气，双腿并拢前伸，脚跟撑地，双臂伸直，向上挺胸，抬臂，头后仰，保持15～30秒，重复2～3组。

5. 坐姿直臂后展

（1）坐姿直臂后展的牵拉目标：三角肌。

（2）坐姿直臂后展的练习方法：先坐在地上，双手放于臀后30厘米处，手指向外，手掌触地，双腿直膝、并拢、前伸，脚跟触地，呼气，臀部向前缓慢滑动，上体后仰，躺在地上，保持15～30秒，重复2～3组。

（3）坐姿直臂后展的动作要点：头部略微上翘。

（三）胸部

胸部是上肢发力的关键肌肉群所在，上肢各种动作的完成都离不开胸肌的参与，胸肌分为上部、中部和下部，牵拉的部位也根据牵拉手段的不同而有所侧重。

1. 跪姿沉肩

（1）跪姿沉肩的牵拉目标：三角肌、胸大肌。

（2）跪姿沉肩的练习方法：跪姿，大腿与地面垂直，双手放于椅子上，头部及上体向下移动，保持15～30秒，重复2～3组。

2. 仰卧沉肩

（1）仰卧沉肩的牵拉目标：三角肌、胸大肌。

（2）仰卧沉肩的练习方法：仰卧于宽凳上，双腿屈膝，双脚触凳，背后垫一条折叠的毯子或柔软的支持物，肩胛骨以上部位悬空，双手交叉放于头后，肘关节向外展开，位于头部两侧，呼气，头部及双肩下沉，保持15～30秒，重复2～3组。

（3）仰卧沉肩的动作要点：牵拉时，颈部挺直，可由队友或教练固定双脚。

3. 坐姿倒肩

（1）坐姿倒肩的牵拉目标：三角肌、胸大肌。

（2）坐姿倒肩的练习方法：坐在椅子上，双手交叉，放于头后，椅背与坐时肩胛骨一样高，呼气，向后倒肩，肘部向外尽量展开，保持15～30秒，重复2～3组。

4. 屈肘助力后拉

（1）屈肘助力后拉的牵拉目标：三角肌、胸大肌。

（2）屈肘助力后拉的练习方法：坐于椅子上，上体挺直，双手交叉，放于头后，肘部向外展开，同伴站立于身后，双手分别握住其肘关节内部，施加力量向后拉动，保持15～30秒，重复2～3组。

（3）屈肘助力后拉的动作要点：两人随时保持交流。

5. 仰卧飞鸟

（1）仰卧飞鸟的牵拉目标：胸肌、肩带肌。

（2）仰卧飞鸟的练习方法：仰卧在宽凳上，双手各持一只重量适中的哑铃，双手持铃先上举，呼气，微屈臂，逐渐向两侧下放至最低点，保持15～30秒，重复2～3组。

（3）仰卧飞鸟的动作要点：哑铃不应当过于沉重，下放时速度要保持平缓、可以有效控制。

（四）手臂肌群

1. 颈后屈臂牵拉

（1）颈后屈臂牵拉的牵拉目标：肱三头肌、背阔肌。

（2）颈后屈臂牵拉的练习方法：站姿或坐姿，屈臂，上抬肘关节，超过头部。右手尽量向左侧肩胛骨移动，左手握住右侧肘关节，左手向后下方用力牵拉，保持10秒，交换部位重复进行。

2. 站姿哑铃头后拉

（1）站姿哑铃头后拉的牵拉目标：肱三头肌。

（2）站姿哑铃头后拉的练习方法：站姿或坐姿，手中握着一只重量合适的哑铃向上举，掌心保持向前，左手将右肘关节扶住，速度平缓地向后弯曲肘部，吸气还原，呼气下放，做10～15次，重复2～3组。

（3）站姿哑铃头后拉的动作要点：以肘关节为支点，前臂屈、伸展应至最大幅度。

3. 屈肘离心弯举

（1）屈肘离心弯举的牵拉目标：肱二头肌。

（2）屈肘离心弯举的练习方法：站姿或坐姿，单臂屈肘90°放于桌子上，手持一支重量适中哑铃，呼气时，伸臂，肱二头肌离心收缩，动作缓慢，吸气时还原，做10～15次，交换，重复2～3组。

4. 屈肘体前屈

（1）屈肘体前屈的牵拉目标：肱三头肌。

（2）屈肘体前屈的练习方法：跪姿，双臂屈肘，外侧放于齐腰高桌子上，手掌向上，呼气，体前屈，肩部向腕关节靠近，保持15～30秒，重复2～3组。

（3）屈肘体前屈的动作要点：牵拉肱三头肌，背部平整。

5. 跪姿反手撑地后坐

（1）跪姿反手撑地后坐的牵拉目标：屈腕肌。

（2）跪姿反手撑地后坐的练习方法：跪姿，双臂伸直，反手撑于地面，手指指向膝关节，呼气，上体逐渐后坐至适宜位置，保持15～30秒，重复2～3组。

（3）跪姿反手撑地后坐的动作要点：后坐时，掌跟不离开垫子。

（五）上背部

1. 单臂体前侧拉

（1）单臂体前侧拉的牵拉目标：背阔肌、大圆肌。

（2）单臂体前侧拉的练习方法：站姿或坐姿，左前臂微屈15°～30°，大臂直臂，右手握住左臂肘部，用力向右侧牵拉，保持15～30秒，换臂，各重复2～3组。

2. 直臂上顶

（1）直臂上顶的牵拉目标：背阔肌、屈腕肌。

（2）直臂上顶的练习方法：站姿，腹前直臂，十指交叉，逐渐直臂上顶至头部正上方，保持此姿势后，稍微向后移动，保持15～30秒，重复2～3组。可同时牵拉肩、胸、背部。

3. 俯卧抬臀

（1）俯卧抬臀的牵拉目标：背阔肌、大圆肌。

（2）俯卧抬臀的练习方法：俯卧，双膝及脚尖触地支撑，双臂向前伸展，胸部触地，呼气，上抬臀部，双臂按压在地面，身体呈背弓，保持15～30秒，重复2～3组。

4. 俯身肋木沉肩

（1）俯身肋木沉肩的牵拉目标：背阔肌、大圆肌。

（2）俯身肋木沉肩的练习方法：站姿，双腿直膝，双脚开立，与肩同宽，距肋木1米，向前俯身双手握住肋木，背部保持平整，呼气，向下沉肩，保持15～30秒，重复2～3组。

（3）俯身肋木沉肩的动作要点：背部平，双腿直，可同时牵拉下背部肌肉和大腿后群肌。

5. 跪姿助力肩后推

（1）跪姿助力肩后推的牵拉目标：背阔肌、大圆肌。

（2）跪姿助力肩后推的练习方法：面向墙，保持1米距离，呈跪姿，双臂扶墙或肋木向上伸展，上体前探，同伴在后，双手按住其肩胛骨上部向前下方施力，保持15～30秒，重复2～3组。

（六）下背部

1. 躯干反扭

（1）躯干反扭的牵拉目标：腹内斜肌、腹外斜肌、竖脊肌。

（2）躯干反扭的练习方法：直腿坐姿，上体正直，右脚交叉放于左腿左侧，脚掌触地，将左肘放于右膝右侧固定，右手放于臀部后侧方30～40厘米处，左肘向左侧用力牵拉，肩、头向右侧扭转，尽量远。向后看，保持15～30秒，换腿，各重复2～3组。

2. 坐姿体前屈

（1）坐姿体前屈的牵拉目标：竖脊肌。

（2）坐姿体前屈的练习方法：坐姿，屈膝30°～50°，双腿放松，双侧膝关节指向外侧，腿外侧可触地或不触地，向前屈体（以腰部为轴），直臂前伸，最大幅度保持15～30秒，重复2～3组。

（3）坐姿体前屈的动作要点：减少股后肌群参与，腿部尽量放松，主要由下腰部参与牵拉。

3. 站姿体转

（1）站姿体转的牵拉目标：竖脊肌、腹外斜肌。

（2）站姿体转的练习方法：站姿，双脚开立，与肩同宽，双手扶杠铃放置头后部，直腰缓慢匀速转体至最大或次最大幅度，为减少损伤，可微屈膝或采用坐姿。

4. 仰卧团身

（1）仰卧团身的牵拉目标：竖脊肌。

（2）仰卧团身的练习方法：仰卧团身，双手握住大腿后部（靠近膝关节），向身体方向用力牵拉，保持15～30秒，重复2～3组。

（3）仰卧团身的动作要点：同伴跪在其体侧，右手按住其大腿后部，左手扶住其双脚脚跟，施力下压。

5. 跪姿背桥

（1）跪姿背桥的牵拉目标：腹外斜肌、背阔肌、前锯肌、肱三头肌。

（2）跪姿背桥的练习方法：跪姿，双手直臂，肩下放撑地，小腿及脚背放于地面；吸气、收腹、弓腰、团背，保持15～30秒，呼气，腹肌放松还原，重复2～3组。

（3）跪姿背桥的动作要点：从平背姿势开始到最大限度弓腰。

（七）腹部

躯干部肌肉群包括腹直肌、腹外斜肌、腹内斜肌等。这些肌肉群发挥稳定躯干、连接上下肢的纽带作用，以不同起点进行牵拉，可以达到深度开发柔韧性的目的，同时也可促进躯干部灵活性、协调性的提高。

1. 直臂体侧牵拉

（1）直臂体侧牵拉的牵拉目标：腹外斜肌、背阔肌、前锯肌。

（2）直臂体侧牵拉的练习方法：站姿，双腿间距离35～40厘米，十指交叉，掌心向外，直臂向右侧抻，尽量达到最大幅度，膝关节不能弯曲，保持15～30秒，交换，各重复2～3组。

2. 屈臂体侧拉

（1）屈臂体侧拉的牵拉目标：腹外斜肌、背阔肌、前锯肌、肱三头肌。

（2）屈臂体侧拉的练习方法：站姿，双腿间距离35～40厘米，屈臂，双手握异侧肘关节于头后，右手靠近左肩，向左屈，尽量达到最大幅度，膝关节不能弯曲，保持15～30秒，交换，重复2～3组。

3. 站姿体侧屈

（1）站姿体侧屈的牵拉目标：腹外斜肌、背阔肌、前锯肌、肱三头肌。

（2）站姿体侧屈的练习方法：站姿，右脚侧平放于肋木上（或凳子上），左腿直膝，左脚支撑，距肋木（或凳）1米，双臂上举，双手交叉，上体向右侧屈，保持15～30秒，换腿，重复2～3组。

（3）站姿体侧屈的动作要点：保持双腿直膝，也可牵拉右腿内收肌。

4. 仰卧沉臀

（1）仰卧沉臀的牵拉目标：腹外斜肌、背阔肌、前锯肌、肱三头肌。

（2）仰卧沉臀的练习方法：仰卧于宽凳或床上，腰下垫毛巾或软垫，臀部在凳边或床边。双手交叉，垫在头后，双腿微屈，双脚脚跟触地，向下沉臀，保持10～15秒，重复2～3遍。

（3）仰卧沉臀的动作要点：左侧肘部向上、向右侧抬起，上体向右侧扭转，保持10～15秒，重复2～3次，换方向。

5. 握杠后屈体

（1）握杠后屈体的牵拉目标：腹外斜肌、背阔肌、前锯肌、肱三头肌。

（2）握杠后屈体的练习方法：站姿，距肋木或单杠30厘米，双臂伸直、上举，双手并拢或叠加在一起，握住肋木杆或单杠，上体完全伸展，双脚脚尖向后移动，腹部向前顶，保持15～30秒，重复2～3组。

第五节 灵敏素质的测试与训练

一、灵敏素质的测试

灵敏素质一般是评价受试者在面临复杂环境时，快速且准确地调整运动中身体姿态或运动方向的能力。灵敏素质有三个特点：①快速，身体反应要快；②变化，体现在需要改变运动姿势和方向的时候；③随机应变，身体的反应、变化等都是随机应变的。

（一）灵敏素质的测试方法

1. 十字象限跳测试

十字象限跳是灵敏素质测试的常用方法之一。测试需要有一块平坦的场地，还需要秒表、适量的粉笔和口哨。测试前先在场地上画出相互垂直的两条直线，并在四个区域内，分别写上四个字母或数字。受试者开始时先站立在某一象限内，测试前进行规则讲解，并告知跳跃顺序，听到开口令或哨音后，双脚并拢，按要求顺序在四个象限内跳跃，跳完四个象限为完成1次测试，然后回到开始象限，如此重复10次，测试者记录完成的总时间，以秒为单位，时间越短则灵敏素质越好。

2. 立卧撑测试

受试者进行立卧撑需要一块平坦的场地和秒表。开始时测试者呈站立姿势，听到开始的哨音后，迅速俯卧下蹲、双腿后伸，双手撑地形成俯卧撑的开始姿势，然后双手用力撑起，收腿成蹲位，双腿发力，还原站立，至此完成1次动作。记录受试者10秒内总共完成的立卧撑总次数，或记录受试者完成20个立卧撑的总时间。规定时间内完成立卧撑次数越多，灵敏素质越好；规定次数完成的时间越短，灵敏素质越好。

3. 10米×4往返跑测试

10米×4往返跑测试一般需要在平坦的跑道上进行。受试者在起点做好准备姿势，听到口令或哨声后，快速冲向10米之外的折返线，然后用手快速触线后立即回跑，触及起点线后再立即跑向折返线，如此反复四次。记录青少年完成4次折返所用时间，记录并保留两位小数，测3次，取最短时间作为最终成绩。

（二）灵敏素质测试的注意事项

第一，青少年须身穿宽松舒适、有弹性的运动服和运动裤，运动鞋要防滑，衣服口袋内不能有钥匙等硬物，否则容易受伤。

第二，体育锻炼熟能生巧，在身体素质提高的同时，运动能力也会提高，青少年对测试内容的熟练程度会影响成绩的好坏，因此建议青少年在测试前应多加练习。

第三，灵敏素质测试时青少年精神高度紧张，因此测试不可持久，不管采用哪种测试方法，都要求在较短时间内完成，测试时间在15秒以下为宜。

第四，为了防止运动损伤的发生，在正式测试前，可以由教练、体育老师或其他测试者带领青少年进行充分的热身。

二、灵敏素质的训练

灵敏是指快速变速、变向的能力。灵敏被认为是"机体的智商"，它是速度、爆发力、平衡、协调等素质的综合反映。平衡能力能够保持身体在静止或运动时身体重心的稳定；协调是保证身体运动与感受器协调配合的能力；爆发力是保障肌肉或肌肉群快速克服阻力的能力；速度体现在快速移动或跑动通过一定距离的时间。灵敏在竞技体育运动中具体表现为加速、急停、变向再加速的能力。在对抗性运动中，运动员的灵敏素质显得非常重要，特别是球类对抗项目。

（一）灵敏素质训练的基础

第一，平衡和底部支撑。平衡是发展运动技能很重要的一方面，是所有运动技能特别是灵敏素质的基本组成部分。平衡包括静态平衡和动态平衡两种类型。运动的本质是动态平衡，是身体在支撑基础上保持身体重心的能力。平衡性对于运动员的灵敏素质和整体运动表现是很重要的。不论运动员的身体重心位置在哪里，它都有利于运动员在底部支撑时恢复身体姿势，保持重心位置。

通过对身体重心的控制，运动员就可以向有效成功的运动迈出第一步。一个牢固的底部支撑，可以在身体重心和地面之间形成一种很好的杠杆调节作用，便于运动员加速、减速、变向。

第二，身体姿势。良好的身体姿势对运动成绩的影响是很大的，通常由好的重心稳定性产生，而好的重心稳定性是由能够稳定臀部和胸部的腹直肌、腹横肌和其他许多肌肉之间的协调而形成的。

第三，脚掌与地面的相互作用。灵敏素质训练一定要注重脚掌与地面的相互作用，也就是注重小腿肌肉的力量。在运动链内部，小腿力量仅占全身力量的14%，但就是这一小部分力量，对于激活和协调大肌肉群，如大腿部、臀部、躯干和手臂的力量，具有重要作用。

在做变向运动时，脚抬起的高度要相对低一些，背屈的脚强有力地接触地面的声音应该是有节奏的、猛烈的和快速的，这样才能在最短时间内使身体对地面产生最大的作用力，以获得起动、制动、变向的最佳效果。

第四，反应能力。反应能力的提高是灵敏素质提高的一个重要决定因素。

第五，加速和减速。加速和减速能力主要依靠良好的身体姿势、小腿与地面接触的合理角度，同时要求腿部和手臂的强大爆发力。

第六，快速起动能力。快速起动与快速地迈出第一步、身体姿势、反应能力和向哪个方向移动有很大的关系。快速的起始步要求距离短，力量大，离地快，脚尖与移动方向一致。

第七，变向能力。变向要求在做各种各样的移动时，具有快速的加速和减速能力。变向能力能把相同的移动在不同的方向上联系起来，也可以把不同类型的移动联系起来。

第八，下落脚步动作。下落脚步动作是一种转换脚步，出现在移动中的变速和变向动作中，如突然起动和加速时，需要重心向前，前脚掌有冲击力地用力向后落在地面上，同时用力蹬地；反之，制动和减速时，需要重心移向后方，脚掌由后向前用力地向前落在地面上，同时用力蹬地。

第九，后退。后退是一种比较初级的运动，一般情况下在注视或防守进攻者做切入或线性运动转变时，要用到后退动作。

（二）灵敏素质训练的意义

1. 改善神经肌肉调节

灵敏素质训练是满足专项运动神经肌肉需求最为有效的训练形式。灵敏素质训练的要素包括运动强度、持续时间、间歇时间与技术等，运动员可以依据专项比赛的规则和特点展开相应的设计。所以，灵敏素质训练非常接近比赛时的要求，运动员可以获得专门性的神经肌肉适应。与此同时，它还能够有效地整合其他体能要素，从而更能满足专项的要求。

2. 提高运动感知能力

灵敏素质训练可以通过提高运动感知能力，进而提高身体控制能力。换言之，灵敏素质训练注重细微动作的细致把握与控制，包括颈部、肩部、背部、臀部、膝部和踝部，以期获得较佳的中立位姿态。运动知觉的改善有助于获得更快速的运动以及更高的运动效率。

3. 避免不必要的伤害

良好的灵敏素质能够使肌纤维被合理地激活，有效地控制踝关节、膝关节、髋关节、背部、肩关节和颈部的细微运动。所以，在遭遇突发性的外在冲击时，肌肉可以有效地协调运动，防止出现不必要的身体损伤。

（三）灵敏素质训练的方法

1. 徒手练习法

（1）徒手练习中的单人练习。

第一，屈体跳。原地双脚跳起，腾空后收腹举腿，双手由上向前摆动，接触双脚，落地还原，也可做向后屈体跳和空中抱腿跳练习。

第二，跳起转体。双脚起跳，腾空后身体保持挺身姿势，转体180°或360°落下。

第三，前后跨跳。双脚前后站立，屈膝，上体前倾，两臂置于体侧。后脚蹬地，前脚向前跨出，身体随之向前移动。前脚落地瞬间向后蹬地，后脚向后跳，身体随之向后移动。练习时应当保持身体朝水平方向移动，或者开展左右跨跳练习，避免身体重心上下变化。

第四，转体跑。听到信号后迅速转体180°，然后快速起跑、冲刺。

第五，转体立卧撑。施展完一次立卧撑动作以后，快速地原地挺身跳动，转体180°，练习时要保证动作精准，快速、自然地实现衔接。

第六，障碍跑。在跑道上设置多种障碍物，要求运动员迅速、敏捷地跳过、绕过障碍物完成跑动。

（2）徒手练习中的双人练习。

第一，模仿追逐跑。2人一组，前后站立，间隔5米。前者在快速跑动过程中做出变向、急停、转身、后退等不同动作，要求后者在观看了前者的动作演示后，立刻予以准确模仿并用尽全力追赶上前者。后者拍到前者身体任一部位后，两者追逐的身份立刻发生变化。

第二，障碍追逐跑。2人一组，前后站立，间隔5米。在跑道上设置各种障碍物，跑动过程中，前者能够充分借助障碍物施展躲闪、转身等动作，当后者拍到前者身体的任一部位以后，两者立刻变更追逐的身份。

第三，躲闪摸肩。2人一组，在规定区域（如直径3米的圆圈）内，做1对1触摸对方左肩练习，并计算30秒摸中次数。

第四，闪躲跑。2人一组，在规定区域（如直径3米的圆圈）内，2人相对站立，各占一半区域，一人防守，一人想办法通过晃动、躲闪等方式摆脱防守者的防守，走进对方防守的区域。整个过程要避免出现拉人、撞人等不良现象。

2.器械练习法

（1）器械练习中的单人练习。

第一，利用绳梯、标志筒、小栏架等进行的练习，如在绳梯上进行各种步法的快速跑动、跨跳等练习；利用标志建档设置不同的跑动距离和路线，完成变向跑、跨跳等练习。

第二，各种形式的运球、传球、顶球、颠球、托球、追球、接球、多球练习等球类练习。

第三，单杠悬垂摆动、双杠转体下杠、挂撑前滚翻、翻越肋木、钻栏架、跳山羊等体操动作练习。

第四，快速跳、交叉跳绳、前后双摇、三摇跳等利用跳绳进行的练习。

第五，利用蹦床训练提高运动员的身体协调性和空中平衡能力。在蹦床上腾起，在空中模仿挺身式跳远、分腿腾跃、足球守门员救球、排球扣球、拦网、篮球扣篮、跳水的起跳或腾空等动作。

（2）器械练习中的双人练习。开展的双人练习包括各种形式的传球、接球、抢球以及跳障碍球、踢过球接翻滚等练习，如扑球、俯卧传球、接球翻滚等，双杠杠端支撑跳下换位追逐、肋木穿越追逐等练习。

3. 组合练习法

组合练习法，指的是在训练时，科学、合理地组合运动员在比赛过程中可能施展的各项动作，让运动员遵循现实中情形连贯、顺畅地完成相应的动作，主要包括以下动作组合训练：

（1）两个动作组合练习。两个动作组合练习主要有交叉步—后退跑、后踢腿跑—圆圈跑、侧手翻—前滚翻、转体俯卧—膝触胸、立卧撑—高抬腿跑等。

（2）三个动作组合练习。三个动作组合练习主要有交叉步侧跨步—滑步—障碍跑、滑跳—交叉步跑—转身滑步跑、鱼跃前滚翻—滑跳交叉步跑—转身滑步跑、障碍跑—转髋接着过肋木—前滚翻等。

（3）多个动作组合练习。多个动作组合练习主要有倒立前滚翻接单肩翻滚—侧滚—跪跳起、悬垂摆动接双杠跳下—钻山羊—走平衡木、跨栏接钻栏—跳栏—滚翻、摆腿—后退跑—鱼跃前滚翻—立卧撑等练习。

4. 游戏练习法

灵敏素质是人体的一项综合能力，所以旨在提升灵敏素质的游戏也需要表现出综合性特征，同时还应当表现出强烈的趣味性与高度的竞争性。只有如此，才可以充分激发运动员的参与热情，充分投入活动中，凝聚自身的注意力，灵活、自如地应对各种活动场面，通过游戏充分提升神经系统的灵活度与反应速度。训练人们灵敏素质的游戏类型非常丰富，常见的方法如下：

（1）听号接球。运动员围圈报数后向着规定的方向跑动，教练员持球站在圈中心，将球向空中抛起并喊号，被喊号者应声前去接球。要求运动员根据时间和空间非常快地去接球。

（2）双脚离地。运动员分散到指定的区域中开展随意的活动，指定其中数人作为抓人者，在听到教练吹起的哨音以后，谁的双脚离地就不抓他，抓人者勿缠住一个人不放，要求快速悬垂、倒立、举腿等。

（3）贴人。把运动员划分成不同的小组，每组两个人呈环形站立，另外安排两个人，一个追逐一个逃跑，逃者若背贴于某组内环某一名前面，则该组后一名便为逃者，被抓后，两人互换角色。

（4）传球抓人。运动员分散站立于篮球场中，两个引导人通过传球不断转移，追逐场上队员并以球触及场内闪躲逃跑的队员，凡被球触及者参加传球，直到场上队员全部被触及为止。要求传球者不得运球或者走步违例，闪躲者不得踩线或者跑出界外。

（5）形影不离。两人一组，并肩站立。右侧的人自由、随意地改变位置与方向，站立于左侧的人一定要及时跟进，依旧站立于其右侧的位置。要求灵活应对，迅速移动。

第五章

核心稳定性与核心力量训练

第一节 核心稳定性及其训练作用

核心稳定性与核心力量训练于20世纪90年代引入我国。在了解该理论以后，很多专家、学者、教练员便高度重视起来，开始进行大量研究，并逐渐将其运用到很多运动项目（如球类、田径等）的体能训练中，为提高运动员的运动成绩打下了坚实的基础。核心稳定性与核心力量训练对于以身体素质提升、加强肌体紧致为锻炼目的的一般人群也有积极的辅助作用。核心稳定性训练作为一种科学的训练方式，在如今的竞技体育运动训练中发挥着越来越重要的作用。

一、核心稳定性训练的范围

从核心力量训练的发展历程来看，其起源于核心稳定性训练。欧美等国的运动康复领域于20世纪80年代，最先应用核心稳定性训练。后来，为快速提高运动员的运动成绩，竞技训练领域的专家在运动员的日常训练中引入核心稳定性训练，调整、改变了某些不合适的训练方式，在一定程度上满足了运动训练所要求的特点，逐渐建立起一套核心力量的训练方法与手段。

在内涵、应用领域，核心力量与核心稳定性都存在本质的不同。在康复领域，核心力量主要强调肌肉拉力的重要性，核心稳定性强调患者尤其是下腰痛患者所能完成的日常生活中的爬楼梯、行走等必要的活动；在运动训练领域，核心力量主要强调肌肉达到特定速度的能力以及产生爆发力的能力，核心稳定性主要强调运动的基础是人体的稳定状态，肌肉所产生的能量要达到最佳的支撑状况。因此，在开展核心训练前，必须清楚地知道训练的领域（康复领域或竞技运动领域），还要清楚是训练核心稳定性还是训练核心力量，这样才能取得较好的训练效果。

通常来说，人们主要从解剖学的角度来界定人体核心的范围。在国外，不同研究领域的学者所界定的核心解剖学是不尽相同的，运动训练领域的学者认为其核心是大腿上部至胸骨或肩关节的整个部分，然而有的学者从宏观解剖学角度将人体核心比喻为汽缸或帐篷，其上部是横膈膜（膈肌），下部是骨盆和髋关节，后部是背肌和臀大肌，前部是腹肌。

因此，核心还没有一个明确的范围，要想准确界定核心部位，就应先考虑自己的研究领域，然后考虑所从事或研究的运动项目，最后给出明确的核心范围。

近年来，随着竞技体育理论的不断发展，核心力量训练也逐渐在竞技体育领域得到应用，并得到广泛认可。从目前专家学者们的研究结果来看，核心区域主要指从肩部到髋关节的身体部分，也是人体运动链的主要核心环节。该部分由肩、躯干、腰、髋及向四肢辐射的肌肉组成，有大约30对肌肉，力量大，储存能量多，附近是身体重心所在，起稳定、传导、发力、减少发力、平衡等作用，在带动小关节的运动中起先导作用，提高了动作效率。髋关节是人体最粗壮的联合性关节，可以看作是人体力量的"发动机"，而相邻的腰比较薄弱，容易受伤，特别是背部。其实武术上所讲的"力从腰发"是不准确的，真正的应该是"力从髋发"。躯干部位可以作为支点，发力或带动发力的主要是颈部和肩部，在人体运动中十分重要。

从运动链的角度看，核心区域和四肢组成了完整的运动链，且处于中心环节。如果核心区域力量不足，整个运动链就非常薄弱，造成力量、能量泄露或内耗。核心力量训练作为一种有效的辅助训练手段，对运动核心区域肌肉力量的发展起到良好的促进作用，同时也促进运动技术的发展并降低运动损伤发生的概率。核心力量训练是在传统力量训练的基础上发展形成的，主要是针对传统力量训练中核心肌肉发展不足而进行的较为全面、系统的科学训练。

二、核心稳定性训练的作用

（一）推动核心力量的传递

人体的每个环节在运动时都是运动链中的一个环，它们能对能量与力的传输产生较大影响。尤其是有强大肌肉群的人体核心部位，在传输能量与力的链条中起到了核心作用。如果通过训练能增强核心力量，就能使四肢更好地协调运动，例如，在下肢与上肢协调用力下完成的短跑运动，离不开对力的传输起到承上启下作用的核心部位。核心部位可以提高远端环节完成各种动作的效率。

（二）支持运动技术的进步

在众多运动项目中，诸如赛艇、游泳、皮划艇等水上竞技运动项目以及标枪、跨栏等田径项目，除了对体能素质要求较高以外，专项技术动作的优劣及其效率是能否取得优良运动成绩的关键因素。良好的专项技术的形成与提高主要取决于核心力量的发展，只有两者协调发展、密切结合才能更好地促进专项技术能力的提高。

（三）提高核心部位的稳定性

核心稳定性是指在运动中控制骨盆和躯干部位肌肉的稳定姿态，为上下肢运动创造支点，并协调上下肢用力，使力量的产生、传递和控制达到最佳状态。核心力量训练的最主要的作用就是可以增强核心部位肌肉群发力的稳定性，在运动中控制骨盆和躯干部位肌肉的稳定姿势，为上下肢运动创造支点，并协调上下肢用力，使力量的产生、传递和控制达到最佳状态。传统的力量训练是在某一块肌肉或是固定状态下进行训练，与实际运动轨迹不相符合。与此同时，核心力量训练强调深层次小肌肉群的训练，这对于稳定核心部位具有重要的实际意义。

（四）避免运动中的损伤

核心力量训练非常注重对深部小肌群的训练，这在一定程度上弥补了传统训练因忽视对深部肌群力量的训练而容易受伤的缺陷。在运动过程中，身体处于一种不稳定的状态，如果核心力量不足，进而出现能量补偿现象，四肢的部分肌肉将参与维持身体稳定性，使四肢部分肌肉超负荷做功，导致肌肉拉伤。核心力量训练中经常采用静力性的等长训练方式，可以使肌肉能够承受较大的负重，有效发展该部位的最大肌肉力量。

另外，进行等长练习时，肌肉对血管造成很大的挤压，影响肌肉中血液的回流和氧气的运输，对肌肉无氧代谢能力的提高有积极的作用，如促进肌肉毛细血管增生、肌红蛋白含量增多。同时，肌膜厚度增加，使肌膜、韧带的抗张程度增强。身体核心部位的肌肉分布多，肌纤维的走向复杂，一般训练对表面的大肌肉较为有效，对深层次的小肌肉效果受限。核心力量训练可以加大对深层小肌肉群的刺激，弥补传统训练的不足，降低因小肌肉群力量不足可能造成的损伤。

（五）弥补传统训练的缺陷

核心力量训练的本质不同于传统力量训练，能够弥补传统体能训练中协调、灵敏、平衡能力等方面的不足。核心力量训练通过对核心部位肌肉特别是深层肌肉的刺激，能够很好地提高肌肉间的协调性、灵敏性和平衡性，这就弥补了传统力量训练在发展速度力量、力量耐力等方面的不足，同时也建立了一种新的训练理念，创新了力量训练方法与手段，为传统力量训练提供新的发展思路与方法。

第二节 核心力量训练及其负荷结构

一、发展核心力量的训练种类

（一）力量的分类

专项的不同，对力量的要求也有所不同。从专门性的角度考虑，我们应该了解力量、速度和耐力的关系。力量可以划分为三种类型，分别是最大力量、弹性力量和力量耐力。弹性力量和力量耐力对所有的运动项目都很重要，而最大力量常常作为评价弹性力量和力量耐力中最大力量成分的手段。

1. 最大力量

最大力量，是指神经肌肉系统所能够产生的最大的力。最大力量能够决定那些需要克服或控制较大阻力的运动项目的成绩。在这里"控制"较大阻力是指肌肉可能需要保持最大或接近最大的静力性（等长）收缩。同样，肌肉也可能被要求保持最大力量的快速收缩（如链球和铅球项目）或最大力量的耐力性收缩（如划船）。需要克服的阻力越小，最大力量参与越少。当使身体从静止状态开始加速（短跑）或推动身体离开地面（跳跃）时，人体需要克服较大的阻力。

2. 弹性力量

肌肉通过快速收缩来克服阻力的能力被称为弹性力量（爆发力、速度力量）。神经肌肉系统通过反射活动、肌肉弹性成分和收缩成分之间的协调，来接受和对抗外界施加的快速负荷。尽管在肌肉产生弹性力量的机制内，收缩力量和收缩速度同时参与了进来，但是神经反射活动和肌肉弹性成分之间的复杂协调和共同参与，决定了它是一个最具有特殊性的力量领域。弹性力量对所有需要"爆发性"用力运动项目的成绩起着决定性的作用。

3. 力量耐力

力量耐力，是指有机体耐受疲劳的能力。过去的一些力量测试方法，如连续做俯卧撑的次数，实际上测试的是人体的力量耐力。一些需要在持续较长时间内克服阻力的运动项目的成绩主要取决于人体的力量耐力，如划船、游泳、越野、滑雪。

4. 绝对力量和相对力量

就绝对力量表现而言，体重较大的运动员一般要大于体重较小的运动员。在不考虑运动员体重的情况下，运动员所能发出的最大力量被称为绝对力量。另外，运动员相对于体重而言能够发出的最大力量被称为相对力量。显然，对于那些需要移动身体的运动项目而言，相对力量是十分重要的，如跳远和体操等项目。用运动员的绝对力量除以运动员的体重，就能够得出运动员的相对力量。

相对力量在发展肌肉的弹性力量中是至关重要的，在这个过程中不应当造成肌肉肥大和体重增加的负面结果。用最大力量65%～80%的负荷，每组重复6～10次，进行3～4组或更多组的力量训练，产生肌肉肥大的效果最理想。而健美运动员则采用最大力量60%～65%的负荷，每组重复12次，共进行6组的力量训练。但在田径运动员须增加相对力量时，建议避免采用这种训练方法。

5. 外部阻力和运动员表现力量的能力

在人体的所有身体活动中，运动员通过对抗外力（或阻力）来表现力量。阻力的形式可能包括重力、投掷器械、空气、水、运动员自身的体重、冲力等。相对于外界施加的阻力而言，有时运动员发挥力量的能力又被称为内力。由于内力和外力决定了不同类型的肌肉活动，所以了解它们二者之间的关系是十分重要的。这些肌肉活动的类型能够在各个单项运动技术的组成部分中表现出来。

6. 静力性（或等长）肌肉收缩

单脚的平衡站立、人体维持直立姿势、对抗掷链球旋转时所产生的离心力、跳远起跳时保持肩和髋关节在垂直线上的姿势等，都是人体静力收缩的例子。当肌肉进行静力性收缩时，运动员所产生的力与阻力相等。换言之，阻力越大，要求运动员在特定关节上维持杠杆平衡的力就越大。这意味着运动员有足够的储备力量来对抗阻力，反之，也说明了运动员在特定关节上用力时会出现一个最大值，当阻力超过肌肉的最大等长收缩力量时，肌肉就不能够再保持等长收缩，而变成了离心收缩。

肌肉能够表现等长收缩力量的范围是很大的。然而对于在技术性项目中成功表现成绩而言，需要单独的神经肌肉调节，来使人体杠杆保持特定的位置和平衡状态。因此，训练就需要包括提高人体专门性等长力量效率的内容。

7.动力性肌肉收缩

肌肉动力性收缩又被分为向心收缩和离心收缩两种。

（1）向心收缩。在向心收缩中，运动员所发出的力大于阻力，引起肌肉的长度缩短，使肌肉两端连接的骨骼杠杆互相接近。通过肌肉向心收缩的阻力训练可以发展单独一块肌肉或整个肌群的力量。例如，做肱二头肌向心收缩的屈肘练习，能够发展肘关节屈肌的力量。在运动中向心收缩的肌肉活动形式非常多，但是，肌肉向心收缩能够产生较大的力量并不一定能够使运动成绩提高，还必须考虑到各个关节活动之间的协调配合。

（2）离心收缩。肌肉离心收缩将发生在两种完全不同的情况下。

第一，阻力可能小于运动员所能产生的最大力量。为了提高运动员这种形式的肌肉收缩力量，催生了一些新的训练方法，如十项跳跃、恩迪曼的投掷运动员穿负重背心的跳箱跳深练习。

第二，当施加的阻力大于运动员的最大等长力量时，运动员只能被动退让地对抗阻力的作用。因为在这种动作中，负荷在全部动作范围内都发挥着最大效果，肌肉收缩状态或性质保持恒定，称为等张收缩。从技术上说，仅用这一种方式来描述运动中所有的肌肉活动是不完全正确的。20世纪60年代后期发明的"等动"练习器，比当时其他的训练方法能够使肌肉在收缩时更为接近运动时肌肉真实的等张收缩状态。虽然在实际练习中这种类型负荷的应用并不普遍，但是它能够提高肌肉最大力量。

8.程序性肌肉活动

程序性肌肉活动是与特定运动技术有关的特定神经肌肉活动方式。它包括不同关节复杂的程序化动力和静力性运动方式、控制肌肉的收缩来对抗肌肉的放松状态的方式，以及由人体整体运动的绝对速度与不同关节之间同步运动的相对速度所构成的专门动作速度等复杂因素的程序化过程。所以，力量训练，只有经过专门练习和比赛专项练习的连续疏导和结合，才能提高运动技术水平。

（二）发展力量训练的类型

发展人体的力量能力必须遵循三个训练原则——专门化、超负荷、可逆性。力量训练必须与专项技术相辅相成。我们可以从其他运动项目中学习，但是对于一个项目有价值的内容不一定适用于另外一个项目。最大力量在所有的运动项目中都占有一定的地位，但是对于每一个项目来说又是非常专门化的。当考虑采用举重技术时，一定要记住与本项目的特定运动方式结合起来进行。在每个运动项目的技术训练时，都应当选择专门的练习方法来发展相关的力量。在这些练习中，大致可分为一般、专门和比赛专项练习三大类。

1. 一般练习

一般练习、运动技术动作和力量发展的相关性不大，但是它们对于准备期的训练，以及对于年轻运动员训练的重要性远远超过成年人。它们主要被用于提供高水平的积极恢复，如在比赛期采用较轻负荷、全面的、一般练习符合人体的生理需求；保证运动员的均衡发展过程，如一般的身体训练循环练习，在训练过程中包含这样的训练课能够减少劳损性运动伤害。

在广泛的一般力量训练的基础上进行高水平的专门力量训练，如运动员的背肌力量不足可能会限制髋和膝伸肌负荷量的提高，所以必须练习背肌。

发展与运动项目广泛相关的肌肉最大力量。如跳跃运动员采用的杠铃"高翻"训练，能够使跳跃项目中所参与的肌肉得到发展，但是并不具有跳跃项目的时间、力量等技术特征。

2. 专门练习

专门练习包括运动技术的组成部分，应该根据项目所要求的力量类型来安排和发展。如掷铁饼运动员的一般练习可以采用卧推、哑铃"飞鸟"，而专门练习则采用跪姿爆发式伸髋侧抛实心球等。在运动员的训练过程中选择种类繁多的专门练习是极其重要的。从技术角度看，通过较为复杂的描记运动时肌电图的方法，并结合练习方法和专门技术的关系，来决定选择最适合于运动项目的专门练习方法，可能会取得令人满意的结果。

3. 比赛专项练习

发展力量的练习实际上也是完整技术练习，在动作中可以人为地增加阻力，例如，投掷超过正常重量的链球、穿着沙衣跳跃、拖重物短跑、踩关节负重跑等，从而使人体建立并适应新的动作协调和相对速度模式。如果施加的阻力造成了额外的人体补偿性动作，那么正确的动作模式将会受到破坏。因此，运动员在进行比赛专项练习时，应该采用多样化的阻力练习，以避免形成错误的动作模式。

二、发展核心力量训练的内容

力量训练主要用于发展肌肉的动力性力量、静力性力量、弹性力量、最大力量和力量耐力。

（一）发展肌肉动力性力量

动力性练习是发展力量最常用的方法。负荷强度、量或密度的变化，决定了发展肌肉的最大力量、弹性力量和力量耐力的相对效果。即使运动的绝对速度减小，运动时特定技术动作中关节活动相对速度的变化，也应该尽可能接近原来的运动技术模式。因此，在发展跨栏起跨腿有效的折叠动作或掷铁饼投掷臂的动作时，应避免使用弹性阻力。因为当充当弹性阻力的橡皮筋拉伸时阻力增加，从而使关节杠杆活动的速度降低。而通过对牵引滑轮组的阻力，或投掷增加重量的铁饼，将会使人体运动加速度降低的程度更接近项目本身的速度变化方式。

1. 通过肌肉的离心收缩来发展力量

当运动员机体系统长期受到超负荷阻力的刺激时，将会使最大力量显著提高。通过这种方法，运动员三种类型的肌肉力量将会得到提高。当运动员所受到的阻力小于自身的最大力量，并采用在离心收缩之后紧接着进行肌肉向心收缩的练习技术时，力量能够得到很大程度的提高。

2. 通过肌肉的振荡性收缩来发展力量

肌肉振荡性收缩是指肌肉活动在向心收缩和离心收缩之间迅速转换的练习方式。源自美国的"肌肉超等长收缩"训练，就包括这种肌肉振荡性收缩训练的方法。尽管这种方法与专门练习的联系日益紧密，但目前它在一般练习训练计划中的比重已经有所增加。通过使用这种训练技术，对人体提供了以前不可能采用的新负荷水平。

（二）发展肌肉静力性力量

力量训练方法的类型应该与特定运动技术中相应的肌肉收缩类型相一致。采用静力性或等长的训练方法能够发展肌肉力性或等长收缩能力。

在这些练习中，全部或部分技术动作是以肌肉等长收缩的形式承担负荷的。功能性等长练习也能够在这个水平上取得良好效果。在这些等长收缩练习的执行过程中，运动技术动作范围内的各点上都有肌肉的等长收缩参与，这种理论认为在全部动作范围内加强力的效果是通过"扩散"取得的。

（三）发展肌肉弹性力量

通过肌肉最大力量和（或）肌肉协调收缩速度的提高，能够发展肌肉的弹性力量。当运动员承受较重的负荷时，参与专门练习的肌肉力量和收缩速度将会得到发展。但是，如果与运动技术有关的肌群所承受的负荷过小，那么运动员参与运动的肌肉收缩速度就不会得到明显的提高。另外，如果运动员所承受的负荷在一个特定的5%～20%的较轻范围内，那么他对抗负荷的动作速度将会得到提高。如果负荷超出这个范围，人体的补偿运动将会干扰技术的准确性，进而影响到动作程序。这是因为它改变了练习强度和动作速度，所以必须取得二者结合的最佳化。因此，如果肌肉弹性力量要得到发展，在一个训练小周期中必须使用最大力量练习和轻负荷的专门练习。而且，在最大力量的训练单元里，较低强度的负荷也应该作为训练的一部分。先进行几个月的最大力量训练，再接着执行速度训练计划，这种按顺序把最大力量训练和速度训练前后分开的训练方法，对于肌肉弹性力量的发展效果要远远小于两者平行推进、共同发展的训练方法。

在训练单元里，采用的刺激强度一般为最大负荷的75%左右，做4～6组、每组6～10次重复。在用最大力量完成练习时，组间的休息间隔在5分钟之内，使用这种训练模式，能够使最大力量和弹性力量同时得到提高。如果在训练单元中有最大力量的练习，应该采用最大负荷的30%～50%强度的弹性力量练习作为补充。在发展肌肉弹性力量时应避免采用传统的负重练习，而应当采用与专门运动技术有关的专门练习。在采用负重沙衣、体操设备等类型的练习中，可以进行1.5～2小时的集中练习，但在此期间要求运动员不可感觉到疲劳的限制，运动员必须把注意力集中在专门运动中的爆发性用力上。

（四）发展肌肉最大力量

发展肌肉最大力量的适宜刺激与运动员产生最大力量有关的刺激强度。这里是指所能筹集到的最大数量的可利用运动单位。在能够达到特定练习的最大负荷或100%的强度刺激下，运动员只能够进行一次练习。

年轻运动员的发育还不成熟，肌肉、骨骼、关节等系统还不完全稳定。当运动员在最大负荷下完成练习时，这可能会阻碍运动员肌肉和骨骼连接组织的发育，并影响关节系统的整体性。随着人体的生长发育，运动员大肌肉群收缩潜力的增长将和骨骼、关节以及韧带和骨骼结合点的发育变得不一致，这会给运动员的腰椎和骨骼关节部位带来危险。

运动员在完成练习时，运动技术不稳定。运动员必须重复一些较轻负荷的练习，以使运动技术稳定下来，同时也能够避免伤病的发生。然而，在训练单元里较轻负荷的重复练习应该达到使运动员产生疲劳的程度，如果负荷再增加，并达到最大值，这将会产生一些相应的问题。运动员最大力量的发展与运动技术不具有相关性。训练课中，采用若干组数的练习，每组能够完成1～5次的重复次数的强度，对于发展人体最大力量能够产生最佳的效果，各组练习间保证5分钟以上的间歇恢复时间能够避免疲劳的积累。

在使用等长收缩训练方法时，负荷须根据情况有所变化。对抗80%～100%的最大强度、保持9～12秒的静力性练习适用于高水平的运动员，而对抗60%～80%的最大强度、保持6～9秒的静力性练习适用于训练年限较短的运动员。对于年轻运动员来说，采用这种训练方法进行多种练习，能够为运动员一般力量的发展奠定一个良好的基础。

超过最大等长收缩力量的离心收缩负荷练习，也能够发展运动员肌肉的最大向心收缩力量。但是采用何种专门强度的负荷还没有正式的研究结果出现。就个人试验结果而言，在特定的运动范围内，离心负荷的强度应该为肌肉最大向心收缩的105%～175%。

虽然使用等动练习器可能会影响肌肉的自然加速和减速状态，但它能够保证肌肉产生时间最长强度的收缩。另外，由于运动技术的专门要求中很少强调肌肉的加速和减速状态，所以这种训练方法具有相当多的优点。在人体几种力量发展系统中，都关注合理使用多种力量训练刺激的方法。这些训练手段体现在训练计划中，可分为在"训练单元之间混合"和在"训练单元之内混合"两种方式。

另外，为了使最大力量具有较快的加速水平，也可以采用将传统的负重负荷与弹性（或肌肉超等长收缩）负荷相结合的混合训练方法。通过肌肉电刺激的方法来发展力量是更进一步的选择，但在运用肌肉电刺激的方法来发展肌肉弹性专门力量时，会有更多的选择变化。在一个力量训练单元中存在最佳的训练刺激频率，并且在发展最大力量时两个训练单元之间有一个恢复的最佳间隔时间。人体自然恢复的间隔时间通常在36~48小时之间。

（五）发展肌肉力量耐力

如果一个运动员在一次练习中的最大力量为200千克，很显然，他在重复进行50千克的练习时比最大力量为100千克的运动员要轻松得多。同样，如果两个运动员的最大力量都是200千克，有氧运输系统较为发达的运动员重复50千克练习的次数要多于有氧运动系统水平较差的运动员。然而，这"两极"之间的确切关系和力量耐力特点还不太清楚。力量耐力训练的基础在于，运动员能够对抗比运动项目中正常阻力大得多的负荷，并重复尽可能多的练习次数的能力。而且，如果运动中对力量的要求小于最大力量的30%，则最大力量就不再起到决定性的作用。

在专门比赛期采用多样化的专项练习和专门阻力练习非常关键。运动员可以在雪地、沙地、上坡、耕过的土地、海浪、拖拉雪橇等条件下进行跑步练习，而划船运动员可以进行拖重物的划船练习，游泳运动员可以进行类似的对抗阻力的游泳练习。

三、核心力量训练的负荷结构

（一）力量训练的负荷结构

1. 发展力量的小周期结构

在训练小周期计划的设计时，必须在训练的主要准备阶段中加入发展一般力量和专项力量的综合内容。一般力量的发展，应该集中在相对于最大力量耐力所表现力量的平衡提高，或项目所要求的弹性力量发展上。而专门力量的发展，应该集中在项目及其运动技术所要求的专门关节活动和肌肉动力结构上。例如，一个高水平短跑运动员的周训练计划如下：

星期一，一般力量。负重（3~5）×5%×85%。

星期二，专门力量。

星期三，一般力量。负重（3~5）×10%×65%×65%。

星期四，专门力量。

星期五，一般力量。负重（3~5）×5%×85%。

星期六，专门力量。

星期天，休息。

而专门力量的训练计划集中在练习手段上：起跑力量，如拖重物跑；击地力量，如快速跨步跳；趾摆力量，如高抬腿跑；操臂力量，如速度球练习。

最大力量取决于肌肉横断面积（6~10次重复）、肌肉内部的协调（1~3次重复）、肌肉之间的协调（技术和成绩水平）。关于发展最大力量的负荷结构，在负荷强度和重复次数的控制方面，可以参考采用金字塔式结构。

2. 力量训练采用的负荷结构

运动员的力量训练必须根据专项训练目标的需要，有针对性地采用与之相对应的各种负荷结构。

（二）评价力量的测试方法

在选择评价力量的测试方法时，必须考虑所测试内容的专门化程度。如果测试的是肌肉的离心、向心或等长收缩力量，那么有关的测试步骤中就必须包括这些方式的肌肉活动。另外，如果测试的是肌肉的最大力量、弹性力量或力量耐力，那么测试的方法就必须根据这些肌肉活动的方式来设计。测试的方法步骤必须具备有效性、可靠性和客观性。而且，在特定的运动技术中，测试的结果必须依照成绩水平或测试方法要求其有效度。

这说明，在训练实践中对运动员的专门力量进行监控已经成为常见的做法。这些专门设计的监控手段用来监测运动员年度训练特定阶段中某种类型力量的提高情况，以及运动员创造最好成绩时某种类型力量的准备状态。

第三节　核心力量的具体训练方法

开展核心力量的训练时，需要注意结合专项的特点进行训练；训练过程中要时刻集中精神；呼吸方法要正确；既要全面训练又要有侧重地训练；练习前后肌肉要松紧有度；训练动作必须符合技术规格；要循序渐进地增加训练负荷；训练计划要科学合理；要偏重摆动的动力性练习。另外，只有掌握恰当的训练方法，才能科学有效地提高核心力量。

一、核心力量训练的模式

核心力量训练模式，主要是围绕腰椎—骨盆—髋关节联合周围肌群所进行的训练。目前，有关核心力量训练的方法和手段较为繁多，总体可以概括为徒手训练、瑞士球训练、实心球训练、弹力带训练等。通过对这些训练方法的总结可以看出，核心力量训练方法主要通过身体的非稳定性训练，增加核心区域的不稳定性来提高核心区域肌肉群的力量，尤其是对深层小肌肉群力量的提高极为有效。

（一）徒手训练

徒手训练法主要适用于核心力量训练的初始阶段，主要目的是让运动员体会核心肌群的用力及对身体的控制能力。在具体的训练过程中，可根据运动员核心力量的增长情况，采用不同形式的由表及里、由浅入深、由慢及快的训练，可以有效地刺激核心区域不同层次的肌肉群。具体训练方法如下。

1. 俄罗斯旋转

俄罗斯旋转可以锻炼腹直肌、腹内斜肌、腹外斜肌、腹横肌、股中间肌、股直肌、髂肌、髂腰肌等，增加腹肌的耐力，加强屈髋肌力量。具体方法如下：

（1）身体呈坐姿，双膝屈曲，两脚平放于地面。两手向前水平举起，位于膝盖上方。

（2）上半身向右扭转，两手触碰身体右侧的地面。

（3）回到起始状态，上半身向左扭转（可适当负重）。

（4）每组每侧完成10次扭转，共3组。

注意事项：扭转时双脚与地面保持接触，膝关节紧紧靠在一起，颈部和肩部保持放松。

2. 屈膝半蹲

屈膝半蹲涉及的部位有胫骨前肌、肺肠肌、比目鱼肌、臀大肌、股二头肌、股直肌、股内侧肌等，有利于加强小腿后肌群的力量，提高其柔韧性和平衡能力。具体方法如下：

（1）身体直立，两脚平行，脚尖朝前，两臂向前水平举起，保持平衡。在保证站稳的情况下，脚尖抬起。

（2）收紧腹部肌肉，慢慢下蹲，足跟离地面，背部挺直，头颈上顶，避免身体过度前倾。

（3）呼气的同时慢慢回到起始姿势。动作过程中体会腿部肌肉克服体重做功的感觉。

（4）共练习3组，每组20秒。

注意事项：背部挺直，头向上顶，在动作过程中收紧腹部、脚尖上卷。

3. 屈膝两头起

屈膝两头起涉及腹直肌、腹内斜肌、腹外斜肌、腹横肌、阔筋膜张肌、股中间肌、股直肌、股内侧肌、髂肌、梨状肌等，可以增加腹肌的耐力性，加强屈髋肌力量。具体方法如下：

（1）平躺在地面，头、颈部、肩部、两腿轻微抬离地面，不要弯腰，两臂抬起平行于地面。

（2）膝屈曲向胸前移动，上体前屈，两手触碰踝关节。此时臀部着地，其他部位离开地面。

（3）慢慢打开身体，双腿伸直，上身后躺，回到起始姿势。

（4）重复15次为一组，共练习3组。

注意事项：动作过程中要收紧下巴，整个过程中要绷紧大腿。

4. V形两头起

V形两头起涉及的部位有腹直肌、阔筋膜张肌、股直肌、股外侧肌、股内侧肌、股中间肌、长收肌、排骨肌、肱肌，有利于增强腹肌的力量，提高脊柱的稳定性。具体方法如下：

（1）身体呈仰卧位，两腿抬起与地面呈45°～90°的夹角。

（2）吸气，两手上举，肩关节和头部抬离地面。

（3）吸气的同时胸椎屈曲，上身继续抬起到胸廓部位抬离地面。

（4）深吸气时，两手向前触摸脚尖，背部弯曲呈V形；吐气时慢慢放下身体，体会椎体一节节伸展的感觉，回到起始姿势。

（5）每组10次，共计3组。

注意事项：在抬起和放下身体的过程中注意体会脊柱的各个椎体之间的相对运动；为了使胸椎和颈椎所受到的力量最小，颈部应该保持伸长且放松状态。

5. 髋关节旋转

髋关节旋转涉及阔筋膜张肌、股直肌、股外侧肌、股二头肌、臀大肌、臀中肌、髂胫束、缝匠肌、股内侧肌、股中间肌、长收肌等，利用自身体重练习腹肌，提高腹部肌肉的控制能力。具体方法如下：

（1）坐于地面，两手放于身后支撑，两腿伸直并拢，向上抬起。

（2）在骨盆保持稳定的前提下，慢慢把两腿移动到最右侧、最上方以及最左侧，可适当负重。

（3）共做3组，每组每侧完成5次扭转。

注意事项：两腿来回摆动时，双腿保持伸直；为了更好地支撑起体重，双臂应离身体远一些；整个动作过程中颈部保持伸直。

6. 仰卧举腿

仰卧举腿训练涉及的部位有腹直肌、腹横肌、股中间肌、阔筋膜张肌、臀大肌、臀中肌、股三头肌、股直肌、髂肌、髂腰肌，有利于加强核心区域肌肉力量，提高骨盆稳定性。具体方法如下：

（1）躺于地面，两腿交叉上举，膝关节伸直，两臂伸直放于体侧。

（2）两腿和臀部夹紧，腹肌发力将髋关节抬离地面。

（3）慢慢将髋关节放回到地面。

（4）每组10次，两腿位置互换，共3组。

注意事项：整个过程中两腿伸直并绷紧；向上举腿时保持颈部和肩关节放松。

（二）瑞士球训练

20世纪80年代以后，瑞士球逐渐在理疗诊所和康复中心普及，一些运动队也把它当成提高运动员平衡稳定能力、预防运动损伤的训练工具。瑞士球具有不稳定性，在球体上练习时可以充分刺激全身尤其是核心部位的肌肉协作，维持人体的平衡和稳定。很多体育工作者已将瑞士球训练法引入田径、游泳、体操、球类等运动项目的训练中，并将其练习作为训练方案的组成部分。事实证明，瑞士球是一个增强核心力量、提高身体稳定性和增加关节柔韧性的有效训练工具。根据不同标准，瑞士球可以分为多种，直径从45～75厘米不等。瑞士球在保持身体平衡、改善身体姿势及预防运动损伤等方面发挥着重要作用。

1. 瑞士球双腿交替屈膝

这项运动的目的是锻炼腹内斜肌、腹直肌、腹外斜肌，有利于增强核心肌群的力量，甚至对所有为身体提供力量的肌肉群都有一定的锻炼效果，尤其是对核心肌群力量的发展。具体方法如下：

（1）上身挺直地坐在瑞士球上，双脚分开固定在身体前侧，与肩部同宽，双手放在身体两侧的球上。

（2）一条腿上抬，朝胸口部方向拉伸。

（3）将抬高的那条腿放下，另一条腿重复以上动作。

（4）每条腿各重复做20次，共计3组。

注意事项：腿上抬时保持膝盖弯曲动作不变，避免背部拱起或向前弯曲。

2. 瑞士球俯卧撑

这个训练涉及的部位有腹直肌、腹外斜肌、腹内斜肌、腹横肌、阔筋膜张肌、髂腰肌、缝匠肌、短收肌、长收肌，不仅可以增强上肢力量，还可以很好地调动核心肌群并锻炼髋部屈肌，提高脊柱稳定性和核心肌群力量。具体方法如下：

（1）双手双膝着地，手指朝前，瑞士球置于身下为开始姿势。

（2）双腿伸直，使身体呈一直线。

（3）保持背部挺直，同时双膝弯曲使瑞士球朝核心肌群移动。

（4）双腿伸直，移动瑞士球远离身体，然后做一个俯卧撑。

（5）每组12次，共计3组。

注意事项：髋部和躯干保持在同一水平面上，避免身体弯曲和拱起。

3. 瑞士球侧卷腹

这项训练用于锻炼腹直肌、腹内斜肌、腹横肌、腹外斜肌、肋间肌，它是一项强化核心力量的高级运动，对强化腹肌、锻炼身体斜肌和肋间肌尤其有效。具体方法如下：

（1）身体左侧卧在瑞士球上，左侧髋关节和躯干左侧在瑞士球上，左腿膝关节从地面抬起；右腿跨过左腿，右脚放在左大腿前侧。

（2）双手指尖放在双耳两侧，同时肘关节向外张开。

（3）利用腹肌带动身体动作，躯干抬高直至上半身几乎垂直。

（4）身体下压，重复以上动作，重复做15次。身体另一侧重复以上动作。

（5）身体两侧各进行3组，每组15次。

注意事项：完成动作的过程应当缓慢，切勿利用双腿带动身体动作，核心肌群始终保持紧张。

4. 瑞士球卷腹

瑞士球卷腹是在基本卷腹运动基础上增加了一个新维度，用于锻炼腹直肌、腹内斜肌、腹横肌、腹外斜肌，通过使身体仰卧在瑞士球上，迫使腹肌更加有力地工作，能够起到强化腹肌、稳定核心肌群的作用。具体方法如下：

（1）身体仰卧，双脚分开比肩略宽，背部撑在瑞士球上，双手贴近双耳，肘部向外张开。

（2）双臂双腿同时抬高，双臂贴近双脚，同时背部挺直。

（3）身体下压，重复以上动作。

（4）每组重复做20次，共计3组。

注意事项：双腿要始终固定在地面上，下背部始终撑在球体上，尽可能地使身体在球体上稳定不动。

5. 瑞士球俄罗斯转体

瑞士球俄罗斯转体是一项独特的强化核心肌群的运动，主要锻炼腹直肌、腹横肌、腹内斜肌、腹外斜肌、肱三头肌、背阔肌，同时还可以缩减腰围，使腹肌、斜肌更加紧致有力。具体方法如下：

（1）坐于瑞士球上，双脚分开与肩同宽，将瑞士球朝前滚动，直至颈部撑在球体上方，双臂在胸部正上方伸直、固定。

（2）一侧髋关节向外转动，同时转动躯干和双臂。

（3）身体回到中心位置，然后身体向另一侧重复以上动作。

（4）身体两侧各重复进行15次，共计3组。

注意事项：练习时动作要缓慢克制，注意避免上半身抬离瑞士球和躯干悬空。

6. 瑞士球提臀平板支撑

这项训练主要锻炼腹直肌、腹横肌、耻骨肌、股中间肌、髂腰肌、长收肌、阔筋膜张肌、背阔肌、股直肌，提高脊柱的稳定性，强化腹部肌肉和髋部屈肌的力量。具体方法如下：

（1）摆出俯卧撑姿势，双臂分开与肩同宽，同时胫骨置于瑞士球上。

（2）在保持双腿伸直的同时使瑞士球朝向身体方向滚动，同时使髋关节尽可能抬高。

（3）身体下移并重复以上动作。

（4）每组20次，共计3组。

注意事项：避免背部拱起和髋部向任何一侧倾斜；动作要尽可能地缓慢，双目直视地面。

（三）弹力带训练

弹力带是一种由橡胶制作的能够自由伸缩并且带有弹性的带子。弹力带具有弹性，根据其厚度的大小可确定阻力的大小，运动员克服其阻力能够使相关部位得到很好的锻炼，所以被广泛应用于大众体育、康复领域。弹力带核心力量训练的主要目的是加强核心肌肉力量的训练，通过阻力训练的方法和多个平面内的运动，增加肌肉力量、肌肉围度和肌肉爆发力，提高臀部肌肉对骨盆的控制和对脊柱的稳定作用。

1. 跪姿弹力带卷腹

这个训练用于锻炼腹直肌、腹内斜肌、腹外斜肌、阔筋膜张肌、前锯肌、背阔肌、大圆肌、中三角肌、胸大肌、肱三头肌、股直肌。此动作利用弹力带来调动和强化核心肌群。为了获得最佳锻炼效果，要充分利用腹肌带动身体动作，同时身体其他部位保持稳定、协调一致。具体方法如下：

（1）将弹力带系在身体附近的一个稳固物体上，双手抓住弹力带的两端（背对弹力带），双膝跪于垫上，脚后跟抬起，肘关节弯曲，手柄紧贴着双耳。

（2）调动身体腹肌，髋关节以上部位向前弯曲，直至躯干充分收缩。

（3）背部抬起恢复开始姿势，重复以上动作。

（4）每组重复25次，共计3组。

注意事项：只需要弯曲胸椎段，腰椎段保持中立位；如果动作幅度过大，腰部肌肉会代为发力，从而弱化腹肌发力。头部一定是向双腿之间的运动轨迹，而不是向前来发力。

2. 弹力带扭曲滑动

这项运动主要锻炼腹直肌、腹横肌、腹内斜肌、前锯肌、腹外斜肌、肱三头肌、前三角肌，可以使整个核心肌群得到充分锻炼，是强化核心力量的重要运动。此动作幅度较小，但只要姿势正确，会对上腹部有明显的锻炼作用。具体方法如下：

（1）身体呈坐姿，双腿略微弯曲，弹力带缠在双脚后跟下方，双手握住手柄并将其朝双耳方向拉伸。

（2）躯干收缩时，双肘贴近大腿部位，同时肩关节和上背部下压。

（3）躯干恢复直立姿势的同时朝右侧扭曲，右手像开始姿势一样贴近右耳，左臂在头顶上方伸直，并保持拉伸姿势不动。

（4）左臂放下，躯干扭转回到中心位置。从身体另一侧重复以上动作。

（5）身体两侧交替练习，每侧进行15次，共计3组。

注意事项：开始姿势时上半身要伸展拉长；弹力带的两手柄应贴近耳朵；双腿和双脚保持固定不动。

3. 仰卧单腿拉弹力带上举

这个运动主要锻炼腹直肌、腹横肌、股中间肌、阔筋膜张肌、臀大肌、臀中肌、股直肌、髂肌、髂腰肌，通过弹力带的抗阻训练，进一步加强核心肌群的力量，提高骨盆稳定性。具体方法如下：

（1）将弹力带的一端固定在一个固定物上，身体仰卧于地面，将弹力带的另一端套在一侧脚踝上。

（2）腹部收紧向上拉弹力带与地面呈90°，膝关节伸直。

（3）将抬高的那条腿放下。身体另一侧重复以上动作。

（4）每侧进行20次，两侧各进行3组。

注意事项：腹部始终处于收紧状态，上举腿伸直，避免膝关节弯曲。

4. 弹力带伐木

弹力带伐木是一项强化斜肌的有效运动，利用弹力带阻力，锻炼腹直肌、腹横肌、腹内斜肌、腹外斜肌、三角肌、背阔肌、胸大肌，强化核心肌群、双臂和肩关节，使腹肌尤其是斜肌更加紧致。具体方法如下：

（1）将弹力带的一端固定在物体上，身体站直，同时双手握住弹力带的另一端，双臂伸直，躯干转向身体一侧，带动弹力带转动。

（2）躯干转向身体另一侧，身体转动的同时双臂抬高，腹部收紧。

（3）躯干转回中心位置时双臂放下。身体另一侧以同样的动作幅度重复以上动作。

（4）身体两侧各重复20次，两侧各进行3组。

注意事项：摆动动作要有力，扭转动作要缓慢，核心肌群收缩、绷紧。

5. 弹力带单腿俯身后拉

这项运动涉及腹直肌、腹横肌、阔筋膜张肌、髂腰肌、臀大肌、股中间肌、背阔肌，通过弹力带阻力，促使腹部、臀部及大腿肌肉收紧，增强大腿肌肉、核心部位力量及骨盆的稳定性。具体方法如下：

（1）将弹力带固定在前方与髋同高的位置，左腿站立，俯身90°。

（2）右腿抬起与地面平行，双手紧握弹力带，掌心向上，直臂伸于肩前方，然后挺胸收腹，肩胛缩回下压。

（3）呼气时双手向两侧回拉，至上臂与右腿成一条直线；吸气时，缓慢回到起始姿势。

（4）身体两侧各重复20次，两侧各进行3组。

注意事项：腹部收紧，注意下背部不要下塌；身体保持平衡，骨盆不要侧倾。

6. 侧身平板弹力带

这项运动涉及腹直肌、腹横肌、股直肌、胸大肌、肱二头肌、三角肌、背阔肌，能够有效地强化腹部肌肉以及上背部、下背部和肩关节肌肉，强化、稳定核心肌群及强化双臂肌肉。具体方法如下：

（1）将弹力带的一端固定在固定物上，身体左侧卧，双腿伸直且相互交叠，左臂弯曲呈90°，同时指关节朝前。

（2）右臂握住弹力带的一端，上臂在体前伸直，弹力带与地面保持平行，在前臂撑离地面的同时，髋部从地面抬起，直至身体呈一条直线。

（3）将弹力带朝胸口拉伸时上臂弯曲，当身体朝地面方向移动时上臂伸直。身体另一侧重复动作。

（4）身体两侧各重复15次，两侧各进行2组。

注意事项：在确保弹力带拉紧的同时，用前臂和髋部带动身体向上移动，整个运动过程中双腿保持稳定不动。

（四）实心球训练

实心球利于抓握，有好几种重量选择，可以因人而异、因时而异、因训练目的而异。实心球训练的主要目的是加大核心训练的强度，通过有限的训练时间使训练效果最大化，从而提高运动员扩展力量所必需的身体控制能力，也可以通过增加不稳定因素来提高训练的难度。一般情况下，8～11岁运动员用重量0.5～1千克的实心球，12～14岁运动员用重量2～3千克的实心球。具体练习方法如下。

1. 两膝夹实心球两头起

两膝夹实心球两头起动作，是在原两头起动作基础上的加强版，训练的部位有腹直肌、腹横肌、阔筋膜张肌、股中间肌、股外侧肌，能够更好地刺激核心肌肉群，增加脊柱的活动度。具体方法如下：

（1）仰卧于垫子上，双手抱头，膝关节弯曲夹实心球。

（2）两头起，肘关节尽量触及膝盖。

（3）每组练习15次，共计3组。

注意事项：膝盖夹紧实心球，起来快放下慢。

2. 实心球仰卧起坐

实心球仰卧起坐训练是一项基础锻炼的升级版，主要是锻炼前锯肌、腹直肌、腹外斜肌、腹横肌、髂腰肌、阔筋膜张肌、股中间肌、股直肌。

运动过程中，腹部必须特别积极地工作，进一步加强核心区域肌肉群的力量及稳定性。具体方法如下：

（1）仰卧在垫子上，双臂弯曲，同时双脚固定在地上，双手握住一只实心球放在胸口。

（2）肩部和躯干抬离地面，朝双腿方向拉伸。

（3）身体下压重复以上动作。

（4）每组重复20次，共计3组。

注意事项：在运动的每个阶段实心球始终保持在胸前，同时避免用力过猛。

3. 实心球站姿俄罗斯转体

实心球站姿俄罗斯转体动作涉及的部位有腹内斜肌、腹外斜肌、腹横肌、背阔肌，可以有效地强化核心肌群的主要肌肉群，增强双臂和肩关节的力量。具体方法如下：

（1）双腿分开站立，比肩略宽，双膝微屈，双臂握住实心球在体前伸直。

（2）双臂和躯干转向身体一侧，回到中心位置，然后再转向身体另一侧。

（3）身体恢复到中间位置并重复以上动作。

（4）每组做20个旋转动作，共计3组。

注意事项：扭动动作应流畅克制，双臂保持伸直，避免耸肩和向前弯腰。

4. 实心球对角卷腹

实心球对角卷腹训练的部位有腹直肌、腹横肌、腹外斜肌、肋间内肌、肋间外肌、腹内斜肌，有助于强化腹肌、斜肌和肋间肌的发展。具体方法如下：

（1）双手握住一个实心球，身体仰卧在垫子上，使身体呈一条直线，双脚分开与肩同宽。

（2）利用腹肌带动身体动作，双臂和躯干朝一侧运动。

（3）躯干抬起伸直，并将实心球放在双腿之间。

（4）背部下压恢复开始姿势，将实心球放在头顶的地板上。身体另一侧重复以上动作。

（5）每一组重复练习15次，共计3组。

注意事项：双腿和双脚保持稳定不动，动作克制而流畅，避免上肢动作过猛。

5. 实心球画大圆

实心球画大圆运动涉及的部位有腹直肌、腹内斜肌、腹外斜肌、腹横肌、前三角肌，对于腹部前侧的核心肌群的锻炼效果非常明显。运动过程中，身体肌肉必须始终保持紧张状态。具体方法如下：

（1）双脚分开站立，与肩同宽或比肩稍宽，双手握住一只实心球，双手高举过头顶。

（2）继续画圆运动，双臂指向身体一侧，同时头部随着实心球转动，双眼盯紧球体。

（3）双臂保持伸展状态，继续画圈动作，双臂在体前下方伸展，同样头部随球转动，双眼紧盯球体。

（4）双臂指向身体另一侧。

（5）双臂举过头顶，恢复开始姿势。

（6）每个方向完成15～20个大圈，每个方向各2组。

注意事项：双臂保持伸直状态，躯干保持挺直，整个动作缓慢克制。

二、躯干力量的训练方法

躯干力量的训练，需要根据自己的专项、训练阶段、实际情况，选择适合的训练方法。

（一）杠铃训练

杠铃是举重所用器材，也是一种核心力量训练器材，可训练肌肉力量。杠铃主要有以下两种类型：

第一，标准杠铃。由杠铃杆（横杆）、杠铃片和卡箍三部分组成。举重的国际比赛必须使用经国际举联认可的国际标准杠铃，有男子杠铃和女子杠铃两种，区别主要在杠铃杆上，杠铃片是相同标准的。

第二，非标准杠铃。结构同于标准杠铃，尺寸要求并不严格，制作要求不高，重量可以自由规定。为达到某些特殊要求，如需发展某局部的肌肉，可按需要制作各种形态的特种杠铃，如屈轴杠铃、弓形杠铃和环形杠铃等。

1. 负重体前屈

训练目的：发展背部肌群力量。

训练方法：直立身体，两脚以约一肩半宽的距离开立；肩膀支撑轻杠铃，微微向上抬头；身体前屈至平行于地面，伸髋部和背部，然后恢复直立，反复练习。

注意事项：练习时背、膝关节保持伸直；躯干前屈时呼气，上伸时吸气。

2. 负重体侧屈

训练目的：发展躯干两侧肌群力量。

训练方法：直立身体，两脚以约一肩半宽的距离开立；肩膀支撑轻杠铃，微微向上抬头；上体尽最大可能向身体一边侧屈，然后尽最大可能向另一边侧屈，重复练习。

注意事项：膝关节保持伸直，只在腰部完成屈伸；上体向左边侧屈时呼气，向右边侧屈时吸气。

3. 硬拉

训练目的：发展腰部、背部肌群和躯干斜肌力量。

训练方法：直立身体，两脚以约一肩半宽的距离开立；两手于大腿两侧前部握住杠铃，微微向上抬头；前屈身体，等到杠铃与地面接触后直立身体，稍做停顿再次前屈身体，反复练习。

注意事项：两臂保持伸直，膝关节保持伸直状态，通过背部肌肉发力，躯干前屈时呼气，上伸时吸气。

（二）实心球与瑞士球训练

实心球呈球形，是体育器材之一，实心材质。瑞士球又叫健身球，材质主要为乙烯基，充满空气，直径为0.6～1米。

1. 俯卧伸背

训练目的：发展背部、臀部和大腿后部肌群力量。

训练方法：把瑞士球放在宽长凳上，俯卧于瑞士球上，头和颈保持自然姿势，两脚离地，两手握住长凳两侧，通过臀部肌群发力，两腿提起至与肩、髋、膝同一高度，反复练习。

注意事项：在伸展膝、髋关节前挤压球；将背部和下肢作为一个整体进行练习。

2. 举腿

训练目的：发展腹部与骨盆肌群的爆发力、力量。

训练方法：在能固定两手的横杠（杠铃杆或肋木等）的前面放瑞士球；腰背部支撑身体；两手握住横杠，在球上仰卧并提起两膝；慢慢将骨盆提起，向胸部方向拉引两膝；当大腿垂直于地面时慢慢展体，恢复初始姿势，然后上举骨盆与下肢，重复练习。

注意事项：练习时必须有同伴保护；利用球面支撑腰部；下肢与骨盆到达最高点时，应保持2～3秒。

3. 仰卧膝夹球转髋

训练目的：发展转体和转位肌肉群以及腿部内收肌肉群的力量。

训练方法：仰卧于地面之上；两臂向两侧伸展；大、小腿以90°夹住实心球；向身体两侧反复转动。

注意事项：背、肩必须贴在地面上，初期动作不宜过快。

4. 仰卧起坐

训练目的：发展腹部肌群力量。

训练方法：仰卧在瑞士球上，同时两脚支撑在地面上，然后连续练习仰卧起坐。

注意事项：仰卧时背部全部贴在瑞士球上；练习时，不要收紧下颌、颈部保持挺直；可以扭转躯干或手持重物进行练习，以加大训练难度；动作结束时，躯干与水平面约呈45°。

5. 两脚抵墙体侧起

训练目的：发展躯干两侧肌群力量。

训练方法：在墙壁前约1米处放瑞士球；身体侧卧在球上，主要用一侧髋部支撑；上部腿在后方，下部腿在前方；用墙根和地面固定两脚，脚底部贴地面前后分开；两臂胸前交叉抱胸或持实心球，反复侧向抬起躯干。

注意事项：躯干侧卧时应充分伸展，全部贴在瑞士球上；在两腿、骨盆、躯干充分稳定后再练习；动作时保持颈部挺直，动作结束时保持头部挺直。

6. 斜板滚球

训练目的：发展肩部、背部、腹部的肌群力量。

训练方法：倾斜宽长凳，约与地面呈30°；在长凳低端一侧面向长凳站立，在长凳上放球并用两手扶住；膝部弯曲，双脚支撑，前倒身体，沿长凳向斜上方滚球；球到板凳顶部时滚回，重复练习。

注意事项：主要通过腹部肌肉力量滚球。

7. 仰卧两腿提球

训练目的：发展下腹部肌群力量。

训练方法：仰卧于地面之上，在双脚之间系一条带子，将两腿放在实心球上固定好；两手掌心向下，两臂伸展贴于地面；向胸部拉引两膝，大腿与地面的夹角略大于90°后放下两膝，返回初始姿势，重复练习；随着力量的加强，可以换实心球进行练习。

注意事项：在练习过程中，头部不可离开地面。

（三）辅助训练

1. 侧卧提腿

训练目的：发展髋部和躯干两侧肌群力量。

训练方法：伸展身体，在斜板上侧卧，将上方脚踝关节系在橡胶带或拉力器绳索上固定，拉力方向靠近身体斜下方，向上尽量快速提腿，重复练习。

注意事项：保持膝关节伸直，只通过髋部与躯干两侧肌群发力。

2. 仰卧转髋

训练目的：发展髋部和躯干两侧肌群的爆发力和力量。

训练方法：仰卧于垫子之上，收紧腹部、弯曲膝部，两手握住头后的横杆。向一侧快速转髋，腿接触垫子之后向相反方向转髋，重复练习。

注意事项：练习时，两脚应并拢并贴在垫子上，只通过腰部完成动作。

3. 背肌转体

训练目的：发展背部和躯干两侧肌群的爆发力和力量。

训练方法：使身体完全伸展，俯卧于山羊或长凳上；上体下屈，由同伴帮助或在肋木上固定腿部；交叉两手，在头后部贴好；身体伸展，至水平时向一侧转体；身体收缩，至初始姿势；身体伸展，至水平时向另一侧转体，重复练习；力量增强后，可加大难度，如手持重物在头后固定。

注意事项：伸直膝关节，只用背部肌群发力。

4. 两头起

训练目的：发展腹部肌群的爆发力与力量。

训练方法：在垫子上仰卧，充分伸展身体。两臂贴在头两侧伸直。快速屈体，在空中使手、脚接触，然后恢复先前状态，重复练习。

注意事项：用腹部肌群力量快速屈体，四肢充分伸直，要迅速完成动作。

5. 支撑举腿

训练目的：发展髂腰肌、腹外斜肌、腹直肌的力量。

训练方法：通过手臂支撑身体，要求双手握住双杠，伸直手臂，身体伸展，下肢完全放松。并拢两脚，伸直双腿，收紧腹部并举腿，与上体呈90°后放下双腿，然后再次举腿，反复练习。力量增强后，可以加大难度，如在脚腕

144

处负重。

注意事项：直膝向上匀速举腿，有控制地放腿，不要彻底放松。

6. 持哑铃体侧屈

哑铃比杠铃小，因练习时无声响而得名，是举重和健身练习的辅助器材之一。重哑铃有10、15、30千克等；轻哑铃有6、8、12、16磅（1磅＝0.4536千克）等。

训练目的：发展躯干侧面肌群力量。

训练方法：两脚开立约与肩同宽，一手扶腰，一手掌心向内持哑铃，向拿哑铃手的一边尽量屈体，然后竖直躯干，再尽量向另一边屈体，重复练习。

注意事项：膝关节与髋固定，保持背部伸直状态，只在腰部完成侧屈动作。

7. 持哑铃体前屈转体

训练目的：发展腰部和躯干侧面肌群力量。

训练方法：两脚左右开立，间距约为两倍肩宽。一手扶在腿上，一手掌心向内持哑铃。身体前屈，尽量使哑铃接触对侧脚尖，重复练习。

注意事项：膝、肘关节固定，只使用躯干完成体前屈和转体动作。

三、胸部和肩部力量的训练方法

人们可以通过器械训练或徒手练习发展胸部力量。在实际训练过程中，凡是上体比下肢低的斜板卧推以及飞鸟动作，都能很好地增强胸大肌下部力量。训练肩部力量大都是对肩部肌群力量进行训练，重点是训练锁骨末端三角肌的力量。要想全面发展机体的整个三角肌，必须进行专门的力量训练。

（一）杠铃训练

1. 推举

训练目的：发展肩部和臀部力量。

训练方法：两手以肩宽握杠铃杆，提铃至胸，肘关节在杠铃杆下方；挺胸，推举杠铃至头上，然后放下，重复练习。

注意事项：固定髋、腕关节，采用坐姿练习也是可以的；放下杠铃时呼气，上举时吸气；练习重复间隙，支撑杠铃的不是两臂而是胸部。

2. 直臂头后拉

训练目的：提高胸部、肩下部、臂部力量。

训练方法：两脚前后开立于地面，背靠在长凳上，两手持握轻杠铃于头上方；沿半圈路线向头后下方放杠铃，然后沿原路线拉起，重复练习。

注意事项：拉起杠铃时呼气，放下时吸气，可按运动专项要求直臂拉引或调整两手间距。

3. 体前屈提铃

训练目的：发展上背部和肩后部肌群力量。

训练方法：上体前屈，两手以肩宽间距握杠铃杆；上背部和肩后部肌群用力提起杠铃并放下，重复练习。

注意事项：固定髋、膝关节；上体前屈与地面平行；肘关节向躯干外侧运动提起杠铃；放下杠铃时呼气，上拉时吸气。

4. 体前屈摆铃

训练目的：提高肩上部肌群力量。

训练方法：上体前屈，两手以肩宽间距握住杠铃杆，上肩部肌群用力前摆两臂提起杠铃，然后放下，重复练习。

注意事项：尽量固定髋、膝关节；上体前屈与地面平行；上摆杠铃时吸气，放下时呼气；放下时杠铃不得接触地面。

5. 颈后推举

训练目的：提高肩上部、后部和臂部力量。

训练方法：两手约以一肩半宽间距握住杠铃杆，提铃至颈后肩上，肘关节在杠铃杆下方；挺胸，推举杠铃至头上，然后放下，重复练习。

注意事项：固定两腿和髋关节，采用坐姿练习也是可以的；上举杠铃时吸气，放下时呼气；练习重复间隙，支撑杠铃的不是两臂而是胸部。

6. 卧推

训练目的：发展胸部、肩前部和臂部力量。

训练方法：在卧推架上仰卧，两脚放在地面之上，两手以约一肩半宽的间距握杠铃杆；肘关节向躯干下外侧屈，放下杠铃至下胸部，然后推起，重复练习。

注意事项：发力时髋部不能离开卧推架长凳；推起杠铃时呼气，放下时吸气；可以按运动专项要求，采用窄间距或两手宽间距握杠铃杆练习。

7. 斜板卧推

训练目的：发展上脚部、上肩部和臂部力量。

训练方法：在斜卧推架上仰卧，两脚放在地面之上，两手以约一肩半宽的间距握杠铃杆；肘关节向躯干下外侧屈，放下杠铃至下脚部，然后推起，重复练习。

注意事项：发力时髋部不得离开卧推架长凳，推起杠铃时呼气，放下杠铃时吸气，可以按运动专项要求，采用窄间距或两手宽间距握杠铃杆练习。

（二）实心球与瑞士球训练

1. 仰卧单臂拉引

训练目的：发展肩部肌肉群力量、脚部力量，以及身体稳定能力、支撑能力。

训练方法：在滑轮拉引练习器附近放瑞士球；头部和背部支撑在球上，髋部与地面平行，两脚放在地上，呈仰卧姿势；单手握住滑轮拉引练习器的把手，稍微弯曲肘部，从较低位置拉引手臂；拉引完成后保持1秒，然后回到初始状态，重复练习。

注意事项：完成动作的幅度应尽量大。

2. 传接实心球

训练目的：发展胸部、肩部、臂部肌肉群的爆发力与力量。

训练方法：两人相距3~4米相向站立，稍微屈膝；一人两手持实心球于胸前，向另一人传球，其接球后迅速传回，重复练习；力量增强后，可以加大难度，如增大两人之间的距离或增大球的质量。

注意事项：两臂应充分伸直接球。

3. 头上传接实心球

训练目的：发展肩部、臀部肌肉群的爆发力和力量。

训练方法：两人相距3~4米，相向站立，稍微屈膝；两手持实心球于头上，连续传接；力量增强后，可以加大难度，如降低身体重心、增大两人间距或球的质量。

注意事项：两手接球引至头上、身后位置。

4. 滑动俯卧撑

训练目的：发展肩部肌肉群力量、胸部力量，以及身体稳定能力和支撑能力。

训练方法：在地面上放一个瑞士球；两臂撑地，髋部支撑在球上，两脚腾空，整个身体平行于地面，呈俯卧撑姿势；两臂交叉前行，整个身体在球上滚动前移，小腿到达球面以后做一个俯卧撑，然后两臂交叉后退，回到初始姿势，重复练习；力量增强后，可以加大难度。

注意事项：动作过程中，完全伸直身体。

5. 仰卧引体

训练目的：发展肩部力量、臂部力量、上背肌肉群爆发力和力量。

训练方法：两手在身体上方握住固定横杠，在膝关节下垫瑞士球；手臂弯曲，上引身体，当下颌接触横杠后伸展手臂，重复练习；力量增强后，可以加大难度，如逐渐把球移到脚后。

注意事项：练习时完全伸直身体。

6. 斜立扩胸

训练目的：发展肩部肌肉群力量、胸部肌肉群力量，以及身体稳定能力、支撑能力。

训练方法：在地面上放两个瑞士球，面向两球，两臂放在球上支撑；两脚掌在地面上支撑，弯曲膝关节，身体向球倾斜；打开两臂，尽量向外侧滚球，然后回收两臂，将球滚回开始位置，重复练习。

注意事项：躯干保持伸直状态，分球到最大幅度后，保持2秒，然后收回两臂。

7. 双球支撑扩胸

训练目的：发展肩部肌肉群力量、胸部肌肉群力量，以及身体稳定能力、支撑能力。

训练方法：在地面上放两个瑞士球；俯卧，两脚放在地面支撑，两个前臂分别放在两个瑞士球上支撑身体，身体与地面的夹角约30°；打开两臂，尽量向外侧滚球，然后回收两臂，将球滚回开始位置，重复练习。

注意事项：完全伸直身体，肩部有损伤时不能练习。

8. 侧卧挥哑铃

训练目的：发展肩部力量、臂部力量，以及上背肌肉群爆发力和力量。

训练方法：完全伸直身体，在一侧腋窝下垫好瑞士球；前后分开双腿，两脚在地面上侧放，下侧脚在前面，上侧脚在后面；上侧手持哑铃，上侧手臂充分向下伸展，由身体侧面向上挥动哑铃，然后回到初始动作，重复练习。

注意事项：身体保持平衡；在持哑铃手臂离垂直位置约5°时保持2秒。

9. 仰卧上推哑铃

训练目的：发展肩部肌肉群力量，脚部力量，身体稳定能力和平衡能力。

训练方法：在平坦地面放好瑞士球；两脚在地面上平放，背部支撑身体重力，头部枕在球上；向前迈步呈仰卧姿势；向上推举哑铃，然后收回双臂，重复练习。

注意事项：两脚之间的距离宽于骨盆；将哑铃推举到眼睛的垂直上方。

10. 俯卧提转哑铃

训练目的：发展臂部肌肉群爆发力和力量、肩部肌肉群爆发力和力量。

训练方法：完全伸直身体，胸部置于瑞士球上，伸直腿部，脚部支撑于地面；两手握住哑铃，前臂垂直向下，外展上臂；向上方提拉上臂，平行于地面时，前臂前旋，尽量提升哑铃高度。提到最大高度后返回初始姿势，重复练习。

注意事项：肘关节保持90°弯曲；哑铃达到最大高度时保持1秒。

（三）辅助训练

1. 纵向飞鸟

训练目的：提高肩上部肌群爆发力和力量。

训练方法：两脚左右开立（间距为肩宽），两手掌心向内握住杠铃片，两臂垂立于身体两侧；直臂从身体两侧上提杠铃片，至头顶上方后沿原路慢慢返回，重复练习。

注意事项：保持身体挺直，两臂同步动作，尽快完成动作。

2. 横向飞鸟

训练目的：发展肩上部肌群力和爆发力。

训练方法：两脚左右开立于地面，两手掌心向内，两臂于体前平举杠铃片；直臂水平沿体侧向后移动杠铃片，至最大位置后慢慢收回手臂，重复练习。

注意事项：保持身体挺直；练习时只用两臂同时动作；尽快完成动作。

3. 仰卧扩胸

训练目的：发展三角肌的力量和胸大肌的力量。

训练方法：仰卧于矮凳或垫子上，两手握住哑铃，两臂向身体两侧伸直；保持两臂伸直，以肩部为圆心慢慢举哑铃至胸部正上方，然后慢慢向两侧放下两臂，回到初始位置，重复练习。

注意事项：两臂有控制地下放还原，速度不能太快；两臂下放时不能接触矮凳或垫子。

4. 头上推举

训练目的：发展三角肌、肱三头肌等肌群的力量。

训练方法：身体伸展直立于平坦地面，两脚之间的距离约为肩宽；两手正握哑铃，两个哑铃之间的距离约为肩宽；两肘弯曲，在肩上悬停哑铃，快速推举哑铃至头上方，然后缓慢返回初始动作，重复练习。

注意事项：训练过程中应注意快举慢放，应逐渐增加练习重量。

5. 直臂侧平举

训练目的：发展三角肌的力量与斜方肌的力量。

训练方法：上体挺直，自然站立于平坦地面（采用坐姿也是可以的）；两手各持哑铃在身体两侧自然下垂，伸直两臂成侧平举姿势，然后缓慢放下，重复练习。

注意事项：可选用壶铃、哑铃等器械，正握或反握都可以，遵循快上慢下的原则。

6. 负重俯卧撑

训练目的：发展胸部、臂部肌群的爆发力和力量。

训练方法：并拢两脚放在台子上，两手放在地面上支撑身体，背部固定若干杠铃片；屈臂使胸部接近地面，然后两臂撑起身体，重复练习。

注意事项：伸展、固定膝和髋关节，只用臂部、胸部发力；身体下降时吸气，撑起时呼气。

7. 摆臂

训练目的：发展肩前部和后部肌群的爆发力和力量。

训练方法：两脚前后开立于地面，两手掌心向内持杠铃片，两臂于体侧屈肘约90°，两臂以相反方向沿体侧交替进行大幅度的前后摆臂。

注意事项：保持身体挺直，固定肘关节，只用两臂同时完成动作；尽快、大幅度完成动作。

8. 杠铃片头后拉

训练目的：发展臂部肌群爆发力和力量、肩下部肌群爆发力和力量、胸部肌群爆发力和力量。

训练方法：背靠横向长凳，两脚前后开立支撑在地面上，两手握住杠铃片放在头部上方；手臂向头后沿半圆下放杠铃片，然后沿原路线返回，重复练习。

注意事项：放下杠铃片时吸气，拉起时呼气；尽快完成动作。

四、上肢力量的训练方法

进行上肢力量训练，主要是发展肩部、臂部、腕部肌肉群的力量、固定能力、支撑能力、爆发力或平衡能力。

（一）杠铃训练

1. 屈腕

训练目的：发展前臂前部和屈腕肌群力量。

训练方法：坐在凳子上，两手握住轻杠铃，肘部放在膝部上支撑整个杠铃；手腕连续屈伸。

注意事项：前臂与地面保持约45°夹角，肘关节约90°夹角，只通过腕部发力。

2. 屈肘

训练目的：发展上臂前部肌肉力量。

训练方法：身体保持直立，两手在身体前方约以肩宽反握杠铃；两臂弯曲，向上提拉杠铃，至最高位置后缓慢放下，重复练习。

注意事项：练习时保持身体稳定，尽快完成动作。

3. 颈后伸臂

训练目的：发展上臂后部肌肉力量。

训练方法：保持身体直立，两手在头后部约以肩宽反握轻杠铃；两臂伸展上提杠铃，至最高位置后屈臂放下，重复练习。

注意事项：练习时略微低头，尽快完成动作。

4. 手腕屈伸负重训练

训练目的：发展手腕肌群的力量和前臂肌群的力量。

训练方法：坐在凳子上，两手反握杠铃，手腕放在膝关节上，前臂贴在大腿上；手腕以尽量大的动作幅度绕额状轴上下旋转。

注意事项：训练器械可以是杠铃、哑铃；练习时可以在一端负重；手腕应做旋转动作或向上仰起再放下。

（二）实心球与瑞士球训练

1. 仰卧伸臂

训练目的：发展上臂后部肌肉群力量。

训练方法：在瑞士球上仰卧，向上伸直两脚，两手持哑铃；上臂伸直并保持此状态，弯曲肘部，使哑铃在头部两侧接触球面；伸展手臂，重复练习。

注意事项：伸展时，肘部总是指向上方，臀部与背部紧贴瑞士球。

2. 侧俯卧屈肘

训练目的：发展上臂前部肌肉群力量。

训练方法：手持一个较重的哑铃；将瑞士球放在地面上，侧俯卧于球上，将练习臂固定好并充分伸展，然后开始屈肘练习。

注意事项：哑铃的重力应能使人屈肘时在球上前后移动；需要几秒钟完成练习臂的伸展动作；人体应在伸展练习臂的同时随球滚动前移；身体后移时完成屈肘动作。

3. 瑞士球俯卧撑

训练目的：发展与上臂后部肌肉群力量以及肩部肌肉群力量。

训练方法：面向球站立，两手支撑在瑞士球上，两脚掌支撑在地面上，伸展身体成一条斜线；弯曲肘部使身体下移，前臂接触球面后伸展肘部使身体上移，重复练习。

注意事项：通过屈肘引导身体下降；充分伸展全身，尽量保持平衡。

4. 压臂固定瑞士球

训练目的：发展肩部、臂部肌肉群反应力量和固定、支撑能力。

训练方法：在长凳上端坐，水平外展一侧手臂，用手压球；同伴从不同方向拍球，练习者尽量压球，不让它运动；力量增强后，可加大难度，如向身体的各个方向伸臂固定瑞士球。

注意事项：保持身体与球的稳定。

5. 俯卧撑起跪推实心球

训练目的：发展手腕、上臂后部、肩部、胸部肌肉群爆发力和力量。

训练方法：两人面对面相距5米跪立，其中一个人胸前双手持实心球；持球人身体向另一人前倒，两手向斜上方将球推出。推出球后两手迅速推地，恢复初始的跪立姿势；接球人接球后，以同样动作推出球，两人重复练习。

注意事项：两人应协调配合，目光应始终接触，快速完成推、接球动作。

6. 实心球俯卧撑

训练目的：发展肩部肌肉群力量与平衡能力，以及上臂后部肌肉群力量与平衡能力。

训练方法：两手放在球上、两脚放在地上支撑身体，完全伸展身体呈一条斜线；屈肘使上体下移，再伸直肘部撑起上体，重复练习。

注意事项：两手必须放在实心球两侧；充分伸展全身，保持平衡。

7. 实心球移动俯卧撑

训练目的：发展肩部肌肉群力量与平衡能力，以及上臂后部肌肉群力量与平衡能力。

训练方法：俯卧，一只手和两脚掌同时撑地，另一只手在球上支撑，伸展身体呈一条直线；将撑地的手快速放到实心球上，慢慢做一个俯卧撑，快速将撑在球上的手移动到地面上支撑，重复练习。

注意事项：充分伸展全身，保持平衡，两手放在实心球两侧；通过肘部下降来引导身体下降；尽快完成练习。

（三）辅助训练

1. 引体向上

训练目的：发展肩部和臂部肌群拉引力量。

训练方法：直臂，两手掌心向前约以肩宽握住单杠；肘部弯曲上引身体，然后伸直肘部使身体慢慢下移，重复练习。

注意事项：初始姿势是直臂，身体完全伸展，悬垂；应上移至下颌接近单杠；练习时尽可能只用臂、肩发力；下垂身体时呼气，上拉时吸气。

2. 爬绳

训练目的：发展肩部和臂部肌群拉引力量。

训练方法：两手握住绳索，稍微弯曲两臂；两手依次向上握住绳索，不断提升身体高度。

注意事项：练习时，尽量通过肩、臂发力；如果上肢力量不足，可以增加助力，可用两脚夹住绳索。

3. 倒立走

训练目的：发展肩部和臀部肌群支撑力量与平衡能力。

训练方法：倒立，用两臂向前移动；力量增强后，可以加大难度，如向各个方向移动身体。

注意事项：在安全的垫子或地面上练习；为了维持平衡，可让同伴帮助扶住两腿。

4. 双杠臂撑起

训练目的：发展肩部、臂部肌群支撑力量。

训练方法：直臂，两手掌心向下支撑身体于双杠上；弯曲肘部使身体下移，然后伸展肘部使身体上移，重复练习。

注意事项：身体下移时，尽可能使肩部接近两手；尽可能通过臂、肩用力来完成动作。

五、髋部和下肢力量的训练方法

髋部是躯干与腿相连接的部位，是一系列机体运动的中心，可以使躯干、腿向侧面、向前、向后自主运动。腿部力量是机体从事其他常见运动项目的基础。

（一）杠铃训练

1. 半蹲

训练目的：发展臀部和大腿前部肌群力量。

训练方法：两脚约以肩宽间距开立；肩负杠铃，两手握在杠铃杆上；下蹲至大腿与地面约呈45°后起立，恢复初始姿势，重复练习。

注意事项：微抬头，伸直躯干；站起时呼气，下蹲时吸气，注意安全保护。

2. 宽半蹲

训练目的：发展臀部和大腿内侧肌群力量。

训练方法：两脚以1.5～2倍脚宽间距左右开立；肩负杠铃，两手握在杠铃杆上；下蹲至大腿与地面约呈45°后起立，恢复初始姿势，重复练习。

注意事项：微抬头，伸直躯干；站起时呼气，下蹲时吸气，注意安全保护。

3. 深蹲

训练目的：发展肩部和大腿前部肌群力量。

训练方法：两脚以肩宽间距左右开立，肩负杠铃，两手握在杠铃杆上；下蹲至大腿与地面平行后起立，恢复初始姿势，重复练习；力量增强后，可以加大难度，如练习时减小两脚之间的距离。

注意事项：微抬头，伸直躯干；站起时呼气，下蹲时吸气。

4. 宽深蹲

训练目的：发展臀部和大腿内侧肌群力量。

训练方法：两脚以1.5～2倍肩宽间距左右开立；肩负杠铃，两手握在杠铃杆上；下蹲至大腿与地面平行后起立，恢复初始姿势，重复练习。

注意事项：微抬头，伸直躯干；站起时呼气，下蹲时吸气。

5. 宽站立身后提拉蹲

训练目的：发展臀部和大腿内侧肌群力量。

训练方法：两脚左右开立，间距为1.5～2倍肩宽；两手掌心向后，在髋部两侧握杠铃于身后；下蹲至大腿与地面平行后起身，重复练习。

注意事项：站起时呼气，下蹲时吸气；练习时，应抬头，伸直躯干。

6. 蹲跳

训练目的：发展臀部、大腿前部肌群力量和下肢爆发力。

训练方法：两脚约以肩宽间距开立，肩负轻杠铃，两手握在杠铃杆上，下蹲至大腿与地面成约45°后迅速向上跳起，落地后恢复原始姿势，重复练习。

注意事项：注意地面平整，保障安全；微抬头，伸直躯干；落地后尽快跳起。

7. 负重弓箭步走

训练目的：发展下肢对抗缓冲、支撑身体力量和蹬伸的爆发力。

训练方法：肩负轻杠铃，两手握在杠铃杆上；快速蹬伸支撑腿，摇动腿大幅度向前迈步落地支撑，换腿重复练习。

注意事项：为保证安全，应在不光滑、平整的地面练习；摆动腿落地支撑后，应尽可能减少缓冲，并短时间保持弓箭步姿势，然后继续练习；尽快完成动作。

8. 负重交换腿上下跳台阶

训练目的：发展下肢对抗缓冲、支撑身体力量和蹬伸爆发力。

训练方法：肩负轻杠铃，两手握在杠铃杆上；一只脚踩在地面上，另一只脚踩在25～35厘米高台阶上；快速蹬上台阶并跳起，身体下降时交换两腿，重复练习。

注意事项：为保证安全，应在不光滑、平整的地面练习，且应使用稳固的台阶；尽可能减少两腿蹬伸用力时间以及两脚支撑时间。

9. 负重交换腿跳

训练目的：发展下肢对抗缓冲、支撑身体力量和蹬伸爆发力。

训练方法：肩负轻杠铃，两手握在扛铃杆上；快速跳起交换两腿位置，重复持续练习。

注意事项：为保证安全，应在不光滑、平整的地面练习；尽量减少两脚地面支持用力时间。

10. 纵向杠铃提拉蹲

训练目的：发展腿部和大腿内侧肌群力量。

训练方法：两脚以肩宽间距左右开立。两手掌心向内，在骨盆下方前后握杠铃于两腿间。下蹲至大腿与地面平行后起身，重复练习。

注意事项：站起时呼气，下蹲时吸气；微抬头，伸直躯干。

11. 垫脚跟前蹲

训练目的：发展臀部和大腿前部肌群力量。

训练方法：两脚以肩宽间距左右开立；脚跟下垫木板；在胸前交叉两臂，左手在右肩上，右手在左肩上，固定杠铃于颈前胸部；下蹲至大腿与地面平行后起身，回到初始位置，重复练习；力量增强后，可以加大难度，如减小两脚之间的距离。

注意事项：微抬头，伸直躯干；站起时呼气，下蹲时吸气。

12. 垫脚跟宽前蹲

训练目的：发展臀部和大腿内侧肌群力量。

训练方法：双脚以1.5~2倍肩宽间距左右开立，脚跟下垫木板。双臂在胸前交叉，右手在左肩上，左手在右肩上，固定杠铃于颈前胸部；下蹲至大腿与地面平行后起身，回到初始位置，重复练习。

注意事项：微抬头，伸直躯干；站起时呼气，下蹲时吸气。

（二）实心球与瑞士球训练

1. 偏卧球上转髋

训练目的：发展下腹部肌群力量、腰部肌群力量、臀部肌群力量和转髋肌群力量。

训练方法：一条腿屈髋、屈膝并悬空，伸直另一条腿并将前部放在球上，形成偏卧撑姿势；向身体两侧左右摆动悬空的腿至与地面平行，然后换腿重复练习；力量增强后，可以加大动作难度，这时可以让同伴帮助固定瑞士球。

注意事项：充分伸展球上的支撑腿，与身体呈一直线。

2. 单腿支撑前移

训练目的：单腿支撑前移的训练目的是发展髋部力量与腿部力量。

训练方法：将瑞士球放在身体后部，右脚脚面支撑于球上，重心放在右脚上；左脚向前轻跳，将重心移到左脚上；髋部降低，右脚沿球面向后滚球，左膝弯曲至90°时停顿，保持2秒；左脚向后轻跳，回到初始姿势，换腿重复练习。

注意事项：前面支撑脚的脚尖指向前方；向前移动支撑腿的膝关节，不要超过脚尖；保持躯干稳定。

3. 仰卧腿拉引

训练目的：发展伸髋、大腿后部和屈膝肌群力量。

训练方法：两脚在地上支撑，肩下垫球，完全伸展身体呈仰卧姿势。两手在头后部握住滑轮把手，使身体尽量平行于地面；弯曲膝关节，使身体在球上前滚；伸展膝关节，推回初始位置，重复练习。

注意事项：尽量不使髋部高度发生变化；尽量加大向前方滚动的距离。

4. 仰卧腿拉球

训练目的：发展伸髋、大腿后部和屈膝肌群力量。

训练方法：上身仰卧在地面上，把一个瑞士球放在脚跟下面，向两侧伸展两臂以维持平衡；向上提臀顶髋离地，当髋关节、膝关节、踝关节在一条直线时屈膝收腿；膝关节伸展以降低髋部，重复练习。

注意事项：可以尝试用一条腿练习或用胶带拉紧双踝。

5. 靠墙单腿下蹲

训练目的：发展腿部力量、髋部力量。

训练方法：背向墙面站立，将一个瑞士球放在腰部与墙之间；两脚在身体重心前30cm左右处以髋肩间距开立，并使脚尖指向身体正前方；抬起一条腿，身体夹球下蹲，至大腿平行于地面时，停顿2秒后站起，换另一条腿重复练习；

力量增强后，可以加大难度，如两手持哑铃等。

注意事项：练习时仰头，眼睛向前上方看；脚跟支撑身体，让球在背部滚动；支撑腿膝关节向前移动时不能超过脚尖。

6. 靠墙单腿侧蹲

训练目的：发展腿部力量和髋部力量。

训练方法：侧对墙面站立，将一个瑞士球放在肘部与墙面之间；身体侧面倾斜约45°靠在瑞士球上，内侧腿屈膝悬空，外侧腿支撑身体；靠墙下蹲，球从肘部滚动至肩部；站起，换腿重复练习。

注意事项：一定要屈膝，以降低重心。

7. 俯卧腿拉球

训练目的：发展屈髋肌群力量与下腹部肌群力量。

训练方法：小腿前部放在球上，两手撑地呈俯卧撑姿势；屈膝、屈髋，用小腿前部和脚向躯干部位拉球；力量增强后，可以加大难度，如悬空提起一条腿，用另一条腿练习。

注意事项：充分伸展身体呈一直线。

8. 内拉腿

训练目的：发展内侧肌群力量。

训练方法：一只脚在地面上支撑（腿略微屈髋、屈膝），另一只脚放在身体一侧的瑞士球上，系阻力滑轮绳索或胶带于踝关节。向身体内侧拉引球上的脚，换腿重复练习。

注意事项：身体应保持屈髋、屈膝的姿势；尽量加大动作幅度。

9. 外推腿

训练目的：发展大腿外侧肌群力量。

训练方法：一只脚放在地面上支撑（腿略微屈髋、屈膝），另一只脚在身体侧面的球上；在踝关节上系胶带或阻力滑轮绳索；向身体外侧推移球上的脚，换腿重复训练。

注意事项：身体应保持屈髋、屈膝的姿势；尽量加大动作幅度。

（三）辅助练习

1. 单腿上下跳台阶

训练目的：发展腿部肌群蹬伸、支撑爆发力与力量。

训练方法：选择高30～40厘米的台阶，单腿进行上下跳跃，两腿交换重复练习。

注意事项：确保环境安全以及台阶稳固；尽可能快速完成动作；尽可能减少脚在台阶下接触地面的时间；两臂应配合腿部适当地摆动。

2. 扶墙屈伸踝

训练目的：发展小腿后部肌群力量。

训练方法：双手扶墙，单腿撑地，非撑地腿的脚背贴于撑地腿的脚后部；身体向墙倾斜，两臂稳定身体，支撑腿重复屈伸踝关节，两腿交替重复练习。

注意事项：伸展身体呈一直线；尽量快速动作完成练习。

3. 扶墙后拉胶带

训练目的：发展臀部和大腿后部肌群力量。

训练方法：系胶带于一只脚的踝关节；两手扶墙；一条腿在地面上支撑，另一条腿向后反复拉伸，换腿重复练习。

注意事项：练习时动作要快、幅度要大。

4. 俯卧屈膝拉胶带

训练目的：发展下肢屈膝肌群爆发力和力量。

练习方法：踝关节系胶带，拉力的方向向下，在垫子上俯卧；两手交叉放在头后，快速交替屈伸两膝。

注意事项：小腿绕身体额状轴运动；尽量快速动作完成练习。

5. 仰卧提腿拉胶带

训练目的：发展下肢屈髋肌群的爆发力和力量。

训练方法：踝关节系胶带，拉力的方向向下，在垫子上俯卧；两手交叉放在头后，快速交替抬起、放下两腿。

注意事项：大腿绕身体额状轴运动，尽量快速动作完成练习。

六、核心力量训练的注意事项

（一）以提高专项力量为目的

无论是核心力量训练，还是一般力量训练，都要将提高专项力量作为训练活动的主要目的。核心力量训练要解决一般性力量与专项需要相差较大的矛盾，促进以脊柱为支撑的核心稳定性，为专项动作的发力提供良好的稳定基础。

（二）优先于四肢力量发展

四肢力量主要是表层肌肉，走向简单，训练起来相对容易，但其力量的传递要通过核心部位。如果核心部位不稳、充实度不够，就会增加能量、力量的内耗，影响发力效果。因此，核心力量是其他部位力量的支撑系统，要优先发展。

（三）分层安排

只有分层安排，核心力量训练才能取得理想的效果。核心力量训练手段繁多，要有整体使用的设计规划，由简到繁，由轻到重，由一般到专项地使骨骼、关节、肌腱、肌肉逐渐适应，打好基础，才能获得理想的效果。一般的训练顺序如下：

第一，垫上练习，主要是在（硬）海绵垫上做一些基本的腰背肌肉训练，也可以多增加一些旋转的、静力性的、不同支撑部位的练习。"八级腹桥""侧桥"等也属于这类动作，可逐渐负重。

第二，单个专门器械练习，利用单个的瑞士球、平衡板、悬吊、振动器等进行上述练习，逐渐增加不稳性，结合实心球进行投、抛、摆练习，可逐渐负重。

第三，两个专门器械结合练习，如把悬吊与瑞士球结合，实心球与瑞士球结合等，使上下肢都处于不稳定状态进行练习，循序渐进加大训练难度，可逐渐增加负重。

第四，把器械与专项技术相结合，如在平衡板上做阻力性划船动作练习，背依瑞士球做投掷动作等，以增加动作的复杂性和对神经肌肉的控制能力。

（四）多维度练习

在传统的腰背力量训练中，单维、双维训练较多，由于躯干部位肌肉多，走向复杂，深层次的肌肉往往很难练到，影响最终效果。功能性核心力量训练，要求实施多方向、多维度、多支撑条件下的多样化训练，从而有效改善前后、左右、旋转等力量。

第六章

高中球类运动项目及其体能训练

第一节　篮球运动教学及其体能训练

篮球作为可以增强体质，发展体育能力，培养体育运动精神，塑造良好综合素质的一门体育专项学习科目，是我国培养素质化人才进程中的重要内容。

一、篮球运动的教学特点、意义与价值

（一）篮球运动的教学特点

篮球运动是一项世界性的运动，是一项团队合作的运动，分五人制和三人制等，是一种节奏快速、竞争激烈的比赛项目，通过日常的训练，结合教练员的指导以及队员的合理运用，尽可能把训练中掌握的技战术能力转化为影响比赛的重要因素。队员在场上享受跟对手比赛的过程，无论胜负都全力以赴，球迷通过观看比赛，享受篮球运动在力量美学、技战术运用、团队协作、顽强拼搏、永不言弃等体育品德方面所带来的全身心体验和感受。篮球运动具有一定的对抗性、观赏性、趣味性、健身性，通过参与篮球运动，既可以强身健体，又可以结交朋友，使自信心、意志力、进取心、约束性等能力很好地发展，有利于培养团结合作、公平竞争、尊重对手的道德品质。篮球项目与其他项目相比，有着特殊的教学特点，具体如下。

1. 指向性

篮球运动教学的目标设定与落实，会对篮球运动课程的推广和发展产生直接的影响，在某种意义上起到了一定的制约作用。按照系统科学论的说法和思想来讲，任何系统的输入和输出之间都存在明显的指向性。换言之，哪怕输入并未确定，输出也会表现出强烈的目标指向性。简而言之，篮球运动课程系统即便没有得到我们的关注和重视，也已经具备了指向性的特征。这种指向性没

有固定的形式和内容，会伴随输入与输出的变化而指向不同的目标，可从以下方面来进行详细深入的解读。

第一，篮球运动课程的开设目的是丰富学生们的理论知识，促使学生学习并掌握一些基础的篮球技术和战术，为学生的身心健康发展带来积极的影响，发挥学生在日常学习中的主观能动性。

第二，篮球运动课程的开设有助于学生篮球运动裁判能力的培养与提升，让大部分学生对篮球裁判的判罚尺度和依据有更深的了解，从而形成相对专业的组织和理解比赛能力。

第三，篮球运动课程的开设有助于学生打篮球行为的发生，还能帮助学生形成正确的篮球意识，对于学生运动习惯的养成与维持至关重要，为学生今后在这一方面的持续参与奠定扎实的基础。

第四，篮球运动课程的开设有助于学生遵守现有的法律法规和道德规范，对他人产生关心和爱护之情，形成一定的团队协作能力，愿意接受组织的安排和管理，遇到困难时积极面对，乐于助人，塑造良好的品格和品质。

第五，篮球运动课程的开设能够加快学生各个方面的综合发展进程，为社会主义社会的建设与发展输送优秀的人才，为中华民族伟大复兴培养一批批综合性的创新人才。

要想完成上述提及的教学目标，需要满足特定的条件，确保篮球运动课程系统能够发挥该有的作用功能。作为教师，需要对篮球运动课程系统的基础功能和特点有深入的了解和认知，增强系统的综合效应，有效达成篮球运动课程的教学目的，对于现代教育体系的完善与发展具有重要意义。

2. 制约性

从篮球运动课程目标的整体功能分析篮球运动课程目标的制约性，其教学目标就是通过不断实现各级教学目标来实现的，并且受到输入条件的限制。

首先，篮球运动课程目标是针对篮球教学法的客观认识和正确理解，它反映了特定社会和阶级社会对人才的需求。与此同时，它也反映了篮球运动课程的教学目标实施过程受到了社会政治制度与经济发展现状的制约。因此，对篮球运动课程的教学目标研究和制订应在充分理解篮球教学规定的基础上，结合时代的特征得出相对应的结果，只有这样才能越走越远。在社会发展的阶段，它还必须反映当代篮球运动课程发展的总体趋势。

其次，篮球运动课程的教学是学校教学工作主要的组成部分，也是与学校智力、德育系统体系合作，促进篮球专业综合发展的重要因素。篮球运动课程的教学，旨在培养学生的道德、智力和身体素质，提高人才素质，实现篮球运动课程的教学目标，并能够更好地完成高校教学的目标。篮球运动课程目标的实现是为学校教育的目标服务，这是一种递进、从属的关系。

最后，篮球运动课程教育目标是师生在一定条件下经过努力必须实现的目标。因此，篮球运动课程教育目标受到教师人数和素质、区域和气候、体育馆和设备、篮球运动课程上课的时长和时间安排的限制。专业课程的教学目标应该是根据过去的经验和现有的条件进行合理制订。

3. 对立统一性

篮球运动课程教学目标与统一性之间的矛盾源于其他篮球运动课程目标的实现，而这些课程有不同的要求。在篮球运动课程的实际教学中，课程教学内容和组合时间分配的选择会产生尤为突出的矛盾。在每个篮球运动课程的实践训练中，必须达到篮球训练的全部效果。然而，不同的篮球实践课程实现篮球训练的具体效果并不相同，每个篮球运动课程的教育目标都根据自己的规则表达个性。

班级的教学矛盾包括：知识传播与学习技能之间的矛盾，特定技能学习与特定适度发展之间的矛盾，理论知识学习与技术知识学习之间的矛盾。如果为了实现在课堂上发展学生健身的教育目标，需要选择并准备许多优质的锻炼方法并确保一定的时间。时间是实现各种教育目标的前提，而上课时间是恒定的。对于其他培训内容，质量培训会花费更多时间，因此不可避免地会影响其他培训目标。要实现篮球运动课程教学的对立统一性，可以从以下方面着手。

首先，改善集体主义的概念可以调动学生的学习热情，并有助于改善组织纪律。如果学生能够与篮球专业的老师一样，那么总体管理和小组管理就是相同的。它不仅可以确保课堂上正常的培训秩序，而且可以帮助实现不同的教育目标。

其次，提高理论知识的水平有助于提高各种体育运动的水平。篮球是一种在特定理论引导下的体育锻炼，通过学习锻炼和掌握科学的篮球运动理论知识和方法，可以成功地达到篮球训练和教育的目的，提升篮球训练的有效性。

再次，改善身体机能和提高质量水平将帮助学生学习、掌握理论知识以及各种运动技能、技巧。篮球的理论知识与各种技巧、技术需要良好的身体条件来塑造。良好的身体条件是参加所有运动的基础，这些基本条件越好，就越有助于帮助学生精通理论知识和篮球技术。

最后，提高篮球技能水平将帮助学生改善身体素质。一旦学生掌握了全部的篮球技能，他们就可以充分展示肌肉和智力的协调能力。提升运动技能水平可以提高篮球训练的效率，并有效地提高身体素质。

篮球教育的许多目标是相互促进的，并通过对立与统一而逐步实现。所以，在研究和发展篮球运动课程的教育目标时，必须同时捕捉与篮球运动课程的教育目标背道而驰的关键特征，并随着时间的推移寻求相互补充的作用。

（二）篮球运动的意义与价值

在运动能力方面，通过篮球教学，学生不仅可以提高篮球运动的技战术水平，更重要的是篮球运动是一项集对抗性、趣味性、健身性于一体的综合性运动项目，具有很高的健身锻炼价值。在篮球比赛中，通过各种形式的有球和无球活动，利用运球、突破、传接球、抢断球、投篮等技术动作，以及攻防转换、急停急起、突破防守、对抗防守、跑动跳跃等身体运动，能全面发展体能，尤其是发展心肺耐力、肌肉耐力、肌肉力量、灵敏性、协调性、反应时等。经常参与篮球运动，能强身健体，促进身体的新陈代谢，改善身体成分，增强体质。

在健康行为方面，在篮球比赛或活动时，双方激烈对抗，场上攻守频繁转换，局面变幻莫测，对人的本体感知、想象力、创造力、观察能力、理解能力等都有较高的要求。经常参与篮球比赛或活动，可以使判断更准确，视野更开阔，自信心更强；可以养成良好的锻炼、饮食、作息和卫生习惯；可以塑造健美体型，提高自身审美能力；可以预防运动损伤，防止疾病的发生，调节身心，增强人体对社会环境的适应能力等。

在体育品德方面，篮球运动被称为强者的运动，在世界上广受欢迎，经常参与篮球运动可以培养学生的意志力、责任感、自律性和勇敢顽强、永不言弃、坚韧不拔等意志品质，以及坚持到底、力争获胜、遵守规则、尊重对手、尊重裁判、尊重观众等优良品质。

二、篮球运动的体能素质训练

充沛的体能是篮球运动员发挥技战术的重要保证，是影响篮球运动员运动水平和篮球运动发展进程的重要因素。

（一）篮球运动的力量素质训练

对于篮球运动来说，发展速度力量和爆发力是力量训练的核心，篮球教练员在设计、实施最大力量和力量耐力训练时应当紧紧围绕这项目标。

篮球运动员要在符合篮球运动特点的前提下进行力量训练。篮球运动员在选择力量训练的练习手段时，要注意肌肉收缩方式和篮球运动相一致。篮球教练员在开展力量训练活动时，应选择与篮球运动技术结构相一致的动作方法，促使篮球运动员将最大力量和快速力量转化为篮球基础力量训练的能力，即跑跳能力和对抗能力。

1. 一般力量素质训练

（1）头手倒立。头手倒立的主要目的是发展颈部肌肉力量。要求运动员在墙壁前，缓慢屈臂呈头手倒立姿势，两手主要起维持平衡的作用，两脚轻轻靠放在墙壁上，以头支撑身体，坚持尽可能长的时间。

（2）背桥练习。背桥练习时，以脚和头着地支撑于地面，采用仰卧或俯卧姿势，腰腹部向上挺起，两手置于胸腹部，使身体反弓成"桥"或腹部向下，以额头（或头顶）和脚趾支撑于地面，臀部上提成"桥"。

（3）双人对抗。两人一组，同伴站在运动员身后，将合适的带子或毛巾围在运动员的前额上，同伴一手拉住毛巾两端，一手扶在运动员的肩胛部，肘关节伸展。运动员两脚站稳，上体固定，向前向下低头，对抗同伴向后拉毛巾的力量。牵拉头部的带子或毛巾可以围在运动员头的前、后、左、右等不同部位，进而使运动员从不同方向完成对抗练习，最终达到全方位训练运动员颈部肌肉的目的。

（4）俯卧撑。俯卧撑主要是发展肱三头肌、胸大肌、三角肌和前锯肌等肌群的力量素质。训练方法为两手间距稍宽于肩，直臂双手俯卧撑地，两腿伸直，两脚并拢，脚趾撑地。两臂力量提高后，可使两脚位于高台上或在背部负重进行练习。

（5）纵跳。纵跳主要用于发展伸膝和屈足肌群力量及弹跳力。具体训练方法为身穿沙背心，带沙护腿，呈半蹲姿势。两脚蹬地起跳，两臂上摆，腿充分蹬伸，头向上顶，缓冲落地后继续做。连续练习10～15次。也可悬挂或标出高度目标，以两手触摸标志线或物体进行练习。

（6）蛙跳。蛙跳练习的显著作用是能使篮球运动员的下肢爆发力和协调用力得到发展。具体的训练方法是：运动员身穿沙背心，带沙护腿（也可不负重），全蹲，两脚蹬地，腿蹬直向前上方跳起，腾空后挺胸收腹，快速屈腿前摆，以双脚掌落地后不停顿地连续做6～10次。

2. 最大力量训练

通过增大肌肉横断面来增加肌肉收缩力量和提高肌肉的协调能力；提高神经系统对肌肉工作的指挥能力，让更多运动单位参与工作，是发展篮球运动员最大力量的两个主要训练途径。在运动训练时，应先进行增加肌肉横断面的力量训练，然后进行肌肉内协调能力的训练。

（1）增大肌肉横断面的最大力量训练。此训练方法必须科学地确定负荷强度、练习的次数与组数、练习的持续时间及组间休息的时间。训练中一般采用运动员本身60%～85%的最大极限负重强度，完成一次动作在4秒钟左右，做5～8组，每组4～8次；组间休息时间一般控制在上一组肌肉练习所产生的疲劳感基本消除后。

（2）提高肌肉协调能力的最大力量训练。这种训练方法一般采用运动员本身85%以上的最大极限负重强度，完成一次动作在2秒钟左右，做5～8组，每组1～3次；组间休息时间控制在3分钟左右或更长。

（3）静力性训练和等动训练。通常情况下，静力性训练的强度多为大强度和极限强度，每次动作的持续时间是5～6秒钟，练习时间的总和应当控制在15分钟之内。等动性训练的运动速度保持不变，肌肉都能在训练过程中发挥出较大力量，训练强度要大，每组练习4～8次，做5～8组，组间休息时间要充分。

3. 速度力量训练

（1）负重训练方法。教练员开展负重训练活动时要保证负荷强度达到适宜性要求。为兼顾力量和速度的双重发展，多采用运动员本身40%～80%的最大力量强度；每组练习5～10次，做3～6组，具体组数以不降低速度为宜；较充分的休息时间，一般为2～3分钟。

（2）不负重练习方法。不负重训练主要选择发展下肢速度力量的跳深和跳台阶练习，以及发展上肢和躯干速度力量的快速练习。

4. 力量耐力训练

在有效发展运动员的力量耐力方面，不仅要注重肌肉力量的增强，还需要提高运动员的血液循环和呼吸系统机能，以及增强有氧代谢能力。为了发展克服不同阻力的力量耐力，可根据运动员本身最大力量的百分比来设定负荷。对于较大阻力的训练，负荷可设为运动员最大力量的75%~80%；而对于较小阻力的训练，负荷不应小于运动员最大负荷强度的35%。确定练习的组数可以依据每组达到极限重复次数来决定。如果采用动力性练习，可以设定完成预定次数和组数作为练习持续时间；而在静力性练习中，单个动作的练习持续时间则通常为10~30秒。

在进行组间休息时，可以控制在未完全消除疲劳的情况下，使运动员进行下一组练习，以达到更好的效果。通过合理的负荷、组数和练习持续时间的安排，可以有效提高运动员的力量耐力水平。

（二）篮球运动的速度素质训练

将动作过程作为划分依据，可以将篮球运动过程中的速度划分成反应速度、动作速度和移动速度。从整体来说，反应速度、动作速度和移动速度之间的联系尤为密切，三者会对运动员技战术的速度和实施产生直接性影响。

篮球的跑与田径的跑有很多不同之处。对于篮球运动员来说，跑动时既要看准同伴，又要观察对手；既有普通的跑步，又有不同形式的滑步；既有向前跑，又有背身跑；既有正向跑，又有侧向跑，等等，各种形式的跑法都对篮球运动的速度训练提出了更高的要求。

参与速度训练的篮球运动员需要达到这些要求：①维持和增强自身对时空的反应判断能力，使自身的反应起动速度得到大幅度提高；②运动员的快速跑动应与技术动作协调；③运动员应着重发展动作的频率；④速度训练应安排在训练前期进行。

1. 一般速度素质训练

（1）压臂固定瑞士球。坐在长凳上，保持躯干挺直，将一侧手臂侧平举放于球上，将球压住。同伴采用60%~75%的力量将球向侧面的各个方面拍，运动员要尽量将球控制住，防止球运动。其目的是发展运动员的肩部和臀部肌群的动作反应速度。

（2）起跑接后蹬跑。采用蹲踞式起跑的方式作为准备姿势，当听到开始的口令后，要迅速起跑接着做后蹬跑20米练习，练习2~3组，每组练习2~3次。参与这项练习的运动员需要达到起跑迅速、后蹬跑姿势正确的双重要求。

（3）捆沙腿高抬腿跑。将沙袋分别绑在两腿上，做慢跑练习，当听到口令后，原地做快速高抬腿跑练习，持续20秒，也可计数进行。在做这种练习时，高抬腿动作要符合技术要求，大腿要抬到一定的高度。

（4）直膝跳深。首先要准备20~30厘米的低跳箱8~10个，并依次横向排列。在练习的过程中，运动员直膝从跳箱上跳下，再迅速跳上下一个纸箱，在跳上纸箱的过程中要保持直膝。其目的是提高踝关节的紧张程度，以及踝关节的动作速度，同时提高踝关节的反应力量。运动员练习直膝跳深时，要最大限度地减少接触地面的时间，通过发挥踝关节的作用来以最快的速度完成动作。

2.反应速度训练

篮球运动中的反应起动速度主要是结合专项技术动作结构，并与其保持一致的速度练习，训练方法如下：

（1）强化完成专项动作的能力，增加技术动作的信息量，提高人体对技术动作的感知能力，培养运动意识，缩短反应时的潜伏期。

（2）采用起动跑、追逐球、运球起动等练习来缩短各个运动环节耗费的时间，尤其要缩短关键环节的反应时间。

3.动作速度训练

动作速度训练的关键，是使运动员关键技术环节的速度得到大幅度提高，具体的训练方法如下：

（1）对单个动作的关键环节和组合动作的衔接动作进行反复的训练，提高衔接动作速度，从而缩短完成动作的时间。经常练习的方式有投篮快出手、传球时手指手腕爆发用力。

（2）提高完成动作的频率可在规定完成的动作次数中缩短完成的时间，或者在规定时间内增加完成动作的次数，如对墙传球1分钟完成60次。

4.移动速度训练

由于运动员的运动频率和技术动作幅度是制约其移动速度的关键因素，因而提高运动频率和运动幅度是篮球运动移动速度训练的主要方法。在保证一定动作幅度的前提下，可以通过技术改进、提高素质、在一定时间内尽量多地完成各种动作，来达到提高运动员动作频率的目的。与此同时，提高运动幅度的训练主要是对技术动作的改进，提高肌肉的伸展性、肌肉的力量素质以及关节的灵活性，充分利用运动员的身体条件，如中线快速三步跨跳上篮。

（三）篮球运动的耐力素质训练

分类依据不同，耐力素质的种类也会有所不同，具体包括：①从运动员供能特征方面来划分，可将耐力素质分为有氧耐力和无氧耐力；②从与篮球运动的关系方面来划分，可以把耐力素质分为一般耐力和专项耐力；③从运动素质的特征来划分，可以把耐力素质划分成力量耐力、速度耐力、最大力量耐力和快速力量耐力等。

篮球运动员的耐力素质以糖酵解为主要供能形式，因此，最大乳酸能和机体耐酸能力是篮球运动耐力训练的主要内容，并以有氧供能为辅助训练。有氧供能的训练是糖酵解供能训练的基础。有氧供能能力越强，篮球运动员在比赛和练习中的恢复能力就越强。但是，必须认识到保证篮球运动员在比赛过程中保持长时间快速运动能力的物质要素还是无氧供能和无氧—有氧混合供能。

要想大幅度提高篮球运动员的耐力素质，则耐力训练必须达到这些要求：①提高运动员耐力素质的首要任务是使运动员的有氧耐力水平得到大幅度提高；②耐力训练要突出专项耐力的训练；③耐力训练应有长年计划；④准备阶段前期应注重发展运动员的有氧耐力，赛前阶段应着重发展运动员的无氧耐力。

1. 持续负荷法

持续负荷法是一种训练方法，其核心是控制心率在每分钟160次左右，旨在主要提高身体的有氧代谢水平。在实践中，常见的训练方法包括匀速跑、变速跑、超越跑和折返跑。此外，还可以采用一系列其他有趣的训练活动来达到相似的效果，例如长时间的快攻、防守步法练习和趣味性的活动。对于具体的训练细节，可以采用折线跑、连续跑动28米折返、"8"字围绕以及连续碰板100~200次等方式来进行。通过合理运用持续负荷法和多样化的训练方法，可以有效提高有氧代谢水平，促进身体的健康和运动表现。

2. 间歇负荷法

间歇负荷法是一种供能方式，其中有氧和无氧代谢混合进行。在篮球运动员的训练中，建议采用约50%有氧和50%无氧负荷。心率上限控制在每10秒约28

次，确保在没有完全消除疲劳的情况下再进行下一次练习。

间歇负荷法的训练方法包括反复进行400米跑、100米快速跑、100米放松跑等。例如，进行3人直线快攻，完成3个或4个往返为1组，共完成5~10组；或者进行两点移动快速投篮，投中10个为1组，共完成5组。另外，还可以进行连续篮下一打一或者一打二的训练，进10个球为一组。

通过间歇负荷法和多样化的训练方法，篮球运动员可以更好地供能，提高有氧和无氧代谢水平，从而增强运动表现和体能水平。

3. 重复负荷法

教练员采用重复负荷法的主要目的是提高运动员的无氧代谢水平。负荷设置为每10秒最大心率达到28次以上，组间休息时间为5分钟，心率下降至每10秒约15次时，再进行下一次练习。

训练方法包括5~10组400米计时跑和不同强度的重复练习。在篮球训练中，常用的方法之一是3人直线快攻，初始可安排1~5个往返，然后逐步增加往返次数，再安排5~10个往返。这样，每组的强度会随着重复往返次数的增加而逐渐降低。此外，还可以进行连续抛接10个困难球的练习。

通过采用重复负荷法和这些训练方法，运动员可以有效提高无氧代谢水平，增强耐力和爆发力，从而在篮球比赛中表现更出色。

（四）篮球运动的柔韧素质训练

柔韧素质包括一般柔韧素质和专项柔韧素质两种。通常情况下，将能适应各项运动的一般身体、技术训练的柔韧素质称为一般柔韧素质，其具体包括人体各个关节的活动幅度和肌肉、韧带的拉伸性和伸展性。专项柔韧素质是指各专项中所特需的柔韧素质，是各专项运动员掌握和提高专项技术的必备素质。

对于篮球运动员来说，其手指、手腕、肩、腰、腿及踝等部位都需要具备很好的柔韧性。篮球运动员柔韧性的解剖学特性与一般人并没有多大差别，主要是受到对抗肌为维持姿势而产生的肌紧张、牵拉性的条件反射而引起的肌肉收缩的限制，以及神经过程兴奋与抑制的协调性，对肌肉的收缩与舒张的影响。因此，篮球运动员的柔韧性受到肌肉、韧带、肌腱、关节囊的弹性的影响，与其他运动项目运动员相比要稍差。身材较高大的运动员如果缺少柔韧训练，柔韧性就会更差。

篮球运动对运动员的灵活性和协调性都提出了很高的要求。因为少年儿童的软组织质量为柔韧性锻炼提供了更有利的发展条件，所以在少儿时期开展柔韧训练活动，以此来提高他们韧带和肌腱的弹性、改善他们关节的灵活性和肌肉的伸展性往往能获得理想成效。

作为一名篮球运动员，应坚持不懈地参与柔韧素质训练，但篮球运动员柔韧素质的重要性常常会被运动员和教练员忽视。在运动员力量、耐力以及身体发育的影响下，其柔韧性往往会伴随年龄的增长而减退。

篮球运动对运动员的灵活性和协调性具有较高的要求，在青少年时期就进行相应的柔韧素质训练会取得事半功倍的效果。运动员参与篮球专项柔韧素质训练时，肌肉牵拉过程中往往会产生疼痛感，同时只有运动员坚持参与系统性训练才能获得预期效果，所以说柔韧素质训练能够从某种程度上培养运动员的意志力。柔韧素质训练的常见方法如下。

1. 一般柔韧素质训练

（1）团身颈拉伸。身体从仰卧姿势开始举腿团身，头后部和肩部支撑身体重心，双手在膝后将腿抱住。呼气，拉动大腿使之靠近胸部，头及上身慢慢向上抬起。重复练习。在练习过程中，保持10秒左右结束该动作。

（2）持哑铃颈拉伸。并拢双脚在地面站立，右手紧握哑铃，肩部下沉。左手经过头顶扶在头的右边。呼气，左手将头部拉向左侧，使头的左侧与左肩紧贴。换方向重复练习。在练习过程中，动作要缓慢，保持10秒左右结束该动作。

（3）跪拉胸。运动员在地面做跪立姿势，向前倾斜身体，双臂前臂在高于头部的位置交叉并将双手放在台子上。呼气，头部和胸部尽量向下沉，直到与地面接触。重复练习。在练习过程中，要保持尽量大的动作幅度，保持10秒左右结束该动作。

（4）开门拉胸。打开一扇门，双脚前后分开站立在门框内，向外伸展双臂肘关节使之与肩平齐。双臂前臂向上，掌心与墙相对。呼气，前倾身体并对胸部进行拉伸。重复练习。在练习过程中，要保持尽量大的动作幅度，保持10秒左右结束该动作。也可以继续提高双臂，对胸下部进行拉伸。

（5）坐姿胸拉伸。运动员在椅子上坐下，双手交叉于头部后方，椅背的高度与胸的中部齐平。吸气，向后移动双臂，向后仰躯干的上部，将胸部拉伸。在练习过程中，动作要缓慢，保持10秒左右结束该动作。

（6）直臂开门拉胸。打开一扇门，双脚前后分开站立在门框内，向斜上方伸展双臂使双臂顶在门框和墙壁上。双手掌心与墙相对。呼气，前倾身体并对胸部进行拉伸。重复练习。篮球运动员在参与练习的过程中，应尽全力使动作幅度达到最大，保持10秒左右结束该动作。

（7）俯卧背弓。运动员在垫上俯卧，膝部弯曲，脚跟移向髋部。吸气，双手将双踝抓住。收缩臀部肌肉，胸部和双膝提起并与垫子分离。重复练习。在练习过程中，要保持尽量大的动作幅度，保持10秒左右结束该动作。

（8）跪立背弓。运动员跪立在垫上，脚尖朝向后面。双手置于臀上部，呈背弓姿势，收缩臀部肌肉送髋。呼气，背弓力度加大，向后仰头，张口，双手慢慢向脚跟滑动。重复练习。在练习过程中，要保持尽量大的动作幅度，保持10秒左右结束该动作。

（9）上体俯卧撑起。俯卧在垫子上，双手掌心朝下，手指向前置于髋的两侧。呼气，双臂将上体撑起，向后仰头，呈背弓姿势。重复练习。在练习过程中，要保持尽量大的动作幅度，保持10秒左右结束该动作。

（10）坐立拉背。在垫子上坐立，稍微弯曲双膝，躯干与大腿上部紧贴，双手将腿抱住，肘关节置于膝关节下面。呼气，向前倾斜上体，双臂从大腿上把背向前拉，双脚触地。在练习过程中，要保持尽量大的动作幅度，保持10秒左右结束该动作。

（11）站立伸背。并拢双脚站立于地面上，向前倾上体直至平行于地面，双手置于栏杆上，比头部位置稍高。伸直四肢，髋部弯曲。呼气，双手将栏杆抓住将上体下压，背部下凹呈背弓姿势。在练习过程中，要保持尽量大的动作幅度，保持10秒左右结束该动作。

（12）倒立屈髋。身体开始是仰卧姿势，然后垂直倒立，将身体重心移到头后部、肩部和上臂，双手置于腰间。呼气，并拢双腿，膝部伸直，双脚缓慢下降并触地。重复练习。在练习过程中，动作大约保持10秒后结束。

（13）体前屈蹲起。并拢双脚，身体向前倾并下蹲，双手手指朝向前面并置于脚两侧触地。躯干与大腿上部紧贴。最大限度地伸展膝部。重复练习。在练习过程中，要保持尽量大的动作幅度，保持10秒左右结束该动作。

（14）站立体侧屈。双脚左右分开站立，交叉双手举过头顶将手臂向上伸直。呼气，一侧耳朵与肩部紧贴，最大限度地做体侧屈动作。转变方向重复练习。在练习过程中，要保持尽量大的动作幅度，保持10秒左右结束该动作。

（15）助力腰腹侧屈。双脚左右分开站立，一只手臂自然下垂于体侧，另一只手臂在头上部并使肘部弯曲。同伴用一只手将其髋部固定，另一只手将其弯曲的肘部抓住。呼气，同伴帮助其使手臂下垂在身体一侧并屈上体。换方向重复练习。在练习过程中，要保持尽量大的动作幅度，保持10秒左右结束该动作。

2. 篮球运动拉伸训练

（1）动力拉伸法。动力拉伸法是指有节奏地重复同一动作练习，可使软组织逐渐被拉长。

（2）静力拉伸法。静力拉伸法是指用缓慢的动作将软组织拉长到一定程度时停止不动，从而使软组织受到持续拉长的刺激。

3. 主动练习和被动练习

就动力拉伸法和静力拉伸法而言，其各自又具有主动练习和被动练习两种形式，具体如下。

（1）主动练习。主动练习是指篮球运动员凭借自身力量拉长软组织的练习。主动练习的训练方法如下：

第一，为了使韧带与肌肉达到良好的拉伸效果，需要做各种肢体的摆动和振动动作，如踢腿、绕环、推墙等。

第二，做手腕力量练习，使手背肌群放松，并使手背肌群牵拉，如此有助于运动员的小肌群轻力量得到协调发展。

（2）被动练习。被动练习是篮球运动员借助外力拉长软组织的练习。被动练习的训练方法如下：

第一，利用器械的重力悬垂，把重物放在直角压腿的膝关节下，使大腿后群肌肉被动拉长。

第二，利用身体的重力做单杠、双杠、肋木上正反肩关节的悬垂练习。

第三，轻负荷的提拉，下放时对脊柱后群肌有拉长作用。

第四，一人平躺在地上挺直，抬起双腿放在另一人肩上，用臂或肩向前下方推压，进行直角压腿练习。

在提高篮球运动员柔韧素质的训练过程中，教练员往往会把主动练习和被动练习结合在一起进行。韧性练习的强度反映在用力大小和负重多少两个方面。用力或负重均应逐渐加大，但不得超过用力或负重量的50%，长期中等强度拉力所产生的效果优于短期大强度的效果。在实际的练习中，重复次数因年龄、性别、阶段、关节不同而定，原则上女子比男子少，少年比成年少，保持阶段比发展阶段少。每组做10～12次练习，持续时间为6～16秒，间歇时间的确定，一般依主观感觉而定。采用静力拉伸时，伸展最大限度时的固定时间在30秒左右。

（五）篮球运动的灵敏素质训练

篮球运动员参与灵敏素质训练，不仅有助于其掌握和运用复杂的技术和战术，也有助于其在赛场上的应变能力得到增强，对运动员篮球运动水平的提高有积极作用。

1. 篮球灵敏素质的训练特点

灵敏素质在篮球运动中占据着重要的地位，具备良好的灵敏素质不仅有助于更快、更好、更准确、更协调地掌握各种先进的技术和练习手段，还可以有效地防止伤害事故的发生。一般来说，灵活性主要是由力量、速度、爆发力和协调能力等几种素质结合而成的。在篮球比赛中，快速变换方向，突破对手，及从一个动作迅速变换为另一个动作等，都需要运动员具有较强的灵敏素质才能完成。

2. 篮球灵敏素质训练的方法

（1）运动员根据有效口令完成动作。

（2）运动员根据口令完成相反的动作。

（3）原地、行进间或跑步中听口令做动作，如喊数抱团成组。

（4）听信号的各种姿势起跑。

（5）听信号或看手势急跑、急停、转身、变换方向的练习。

（6）做动作或急跑中听信号完成突停动作。

（7）一对一弓箭步牵手互换面向站立，虚实结合互推互拉，使对方失去平衡。

（8）一对一面向站立，双手直臂相触，虚实结合相互推，使对方失去平衡。

（9）各种站立平衡，如俯平衡、搬腿平衡、侧平衡等。

（10）在肋木上横跳、上下跳练习。

（11）用手扶住体操棒，然后松手、转身击掌，再扶住体操棒使其不倒。

（12）向上抛球转体2周、3周再接住球。

（13）闭目原地连续转5～8周，然后闭目沿直线走10步，再睁眼看自己走的方向是否准确。

（14）绕障碍曲线转体跑。

（15）原地跳转180°、360°、720°后落地站稳。

（16）一对一背向互挽臂蹲跳进、跳转。

（17）脚步前后、左右、交叉的快速移动。

（18）单脚为轴的前后、转体的移动。

（19）左右侧滑步、跨跳步的移动。

（20）做不习惯方向的动作。

（21）双人一手扶对方肩、一手互握对方脚腕，各用单脚左右跳、前后跳、跳转。

（22）前滚翻、后滚翻、侧滚翻。

（23）前手翻、头手翻、后手翻，团身后空翻。

（24）双人前滚翻。一人仰卧，另一人分腿站在仰卧人的头两侧，双方互握对方两脚踝，然后做连续的双人前滚翻或后滚翻。

（25）一人仰卧，另外两人各抓其一只脚，同时用力上提，使其翻转站立。

（26）在低双杠上做肩倒立、前滚翻成分腿坐、向前支撑摆动越杠下，向后摆动越杠下等简单动作。

（27）在低单杠上做翻上、支撑腹回环、支撑后摆跳下、支撑摆动向前侧跳下等简单动作。

（28）"扫地"跳跃。运动员将绳握成多段，从下蹲姿势开始，将绳子做扫地动作，两脚不停顿地做跳跃练习。

（29）交叉摇绳。运动员两手交叉摇绳，每摇一两次，单足或双足跳长绳子一次。

（30）走矮子步。教练与一名队员将绳拉直，并把高度适当降低，队员在绳子下走矮子步与滑步。

（31）跳波浪绳。教练与一名队员双手握一根长绳子，并把绳子上下抖成波浪形，队员必须敏捷地从上方跳过，碰到绳子者与摇绳者交换。

（32）照着样子做。两人一组，其中一人做站立或活动中的各种动作，并不断更换花样，另一人必须照着他的样子做。

（33）单、双数互追。运动员按单、双数分成两组迎面相距1～2米坐下，当教练喊"单数"时，单数追双数，双数转身向后跑开20米；当教练喊"双数"时，双数追单数，单数转身向后跑开。

（34）追逐拍、救人。队员分散站在场内，指定4名引导人为追逐者，其他队员闪躲逃跑。当有人被追着时，需马上原地站立，两手侧平举。与此同时，该名队员的同伴可以拍肩救他，使该名队员复活逃脱。

第二节　足球运动教学及其体能训练

足球运动作为一项令无数人痴迷的运动项目，是世界上普及率最高、影响最为深远的运动，被誉为"世界第一运动"。足球是高中生非常喜欢的运动项目之一，体能是进行足球比赛的重要保障。

一、足球运动的教学特点、意义与价值及体能要求

（一）足球运动的教学特点

足球运动是以射门得分为目的的激烈对抗性运动项目，对体能要求很高，动作技术复杂多样、战术运用变化无常、胜负结局难以预测，要求学生在瞬间变化的过程中做出判断和决策。足球运动具有整体性、对抗性、灵活性、易行性等特点。

1. 整体性

在进行足球比赛时，同一场比赛由两个队伍进行对抗，每队上场人数为11人。在比赛的过程中，队伍中的11名足球运动员必须思想统一，保持行动的一致性，攻则全动，守则全防，要具备很强的整体作战意识。总体而言，足球技战术内容逐步递进，螺旋上升，体现了从简单到复杂的循序渐进过程。

2. 对抗性

足球运动是一项竞争十分激烈的对抗性运动项目，在进行足球比赛时，双方队伍会努力争夺球的控制权，一方面要尽力将球攻入对方球门，另一方面要极力阻止对方队伍将球攻入己方的球门。在足球比赛中，两个队伍在罚球区周围对球在时间和空间上的争夺是最为猛烈且激动人心的。在一场高水平的足球比赛中，双方球员为了争夺足球的控制权而碰撞倒地的次数甚多，由此可见足球运动激烈的对抗性。

3. 灵活性

足球运动在技术和战术上的变化都十分多样，因此足球运动的胜负结局往往是难以预测的。在足球比赛中，足球运动员要根据赛场上的具体情况，灵活运用技术和战术对对方的干扰、限制行为进行抵抗，这样才能取得比赛的胜利。

4. 易行性

足球运动的比赛规则比较简单，对设备、器材也没有过高的要求。一般性的足球比赛并不严格限制比赛的参赛人数、时间、场地和器材等。所以，足球运动是全民健身中群众参与性极高的一项体育运动项目，也是很容易开展起来的一项运动。

（二）足球运动的意义与价值

在运动能力方面，通过足球教学，学生不仅可以掌握足球运动项目的技战术，更重要的是足球是一项综合性运动项目，具有很高的健身价值。在足球比赛或者活动中，通过各种形式的有球和无球活动，如运球、踢球、接球、传球、头顶球、抢断球等动作技术，结合跑动、急停、转身、倒地、跳跃、冲撞等身体运动，能全面地发展体能，尤其是发展心肺耐力、肌肉耐力、肌肉力量、速度、协调性、反应时等。经常参加足球运动，能锻炼身体，加快新陈代谢，改善身体成分，保证身体各系统正常运转，促进血液循环，保持身体健康，愉悦身心。

在健康行为方面，在足球比赛或活动时，对阵双方激烈对抗，场上攻守转换频繁，局面变幻莫测，对学生的洞察力、记忆力、想象力、创造力和思维能力都有较高的要求。经常参加足球比赛或活动，可以使判断更准确，视野更开阔，意志更顽强，自信心更足，心理素质更强，可以养成良好的锻炼、学习、饮食、生活和卫生习惯，预防运动损伤和疾病，增强人体免疫能力，提高对社会环境的适应能力等。

在体育品德方面，足球运动项目被称为世界第一运动项目，是勇敢者的运动，经常参加足球运动可以培养学生勇敢顽强、坚韧不拔、不断进取、永不放弃的意志品质，以及敢于参与竞争，胜不骄、败不馁，遵守纪律，公平公正，文明礼貌，尊重对手、尊重裁判、尊重观众等优良品质。

（三）足球运动的体能要求

现代足球运动正朝着全攻全守型打法发展，所以足球运动员在比赛中需要不断进行交叉换位、相互补位、反复冲刺跑和随机策应等，在此过程中，足球运动员可能需要完成上百次激烈的技战术动作，运动强度非常大。这就对足球运动员的体能提出了很高的要求。下面具体介绍足球运动对足球运动员的形态要求、机能要求和体能要求。

足球运动是以有氧供能为基础、以无氧供能为关键的。因此，足球运动对足球运动员的体能要求包括以下方面。

1. 体能的特异性

足球运动与其他运动项目的一个明显区别在于其间歇性，具体来说就是足球运动员进行各种强度的跑动都伴随着一定时间的间歇。所以，足球运动的体能训练方法要符合足球运动的特点。足球运动体能训练的生理学机制在于适应过程的专项特异性，它不只体现于运动员身体素质与植物性神经系统能力的发挥，还体现于运动员心理因素的发挥，尤其是在完成紧张的肌肉活动后，运动员需要依靠自己的意志来加强自身的工作能力。

除此之外，足球运动员还要使自身的有氧耐力与无氧耐力得到全面均衡的发展，如果只单方面发展有氧耐力或者无氧耐力，就会造成运动员体能系统的失衡，进而会对运动员的竞技状态产生不良影响。

2. 体能的个体性

根据足球运动员在场上的不同位置，可以将他们划分为前锋、前卫、后卫和守门员。在比赛场上，每个位置的足球运动员都会发挥不同的作用，他们各自的活动方式也会有所区别，所以对他们的体能要求也存在差别，这就是体能的个体差异性。根据一场比赛中各个足球运动员的活动情况可知，前锋队员在加速和爆发力等方面的优势更明显，前卫队员比其他位置的队员在高强度跑与灵活性方面的优势更明显，后卫队员则在爆发力和有氧中低强度跑方面更有优势，而守门员的体能要求主要在于身高、体重、爆发力与反应速度等方面。

3. 体能的综合性

足球运动员体能的综合性主要体现在两个方面：一方面，足球运动员想要保持长时间活动的能力，不仅要具备有氧耐力，还要具有良好的肌肉耐力、较快的恢复能力和坚强的意志力等，不能只强调单一因素；另一方面，由于足球运动员的体能不仅受到自身能量供应系统的影响，还会受到体能恢复手段、营养补充和心理因素等影响，所以足球运动员想要提高体能不仅要考虑生理机能，还要不断提高自身的心理素质。

二、足球运动的体能素质训练

（一）足球运动的力量素质训练

在足球运动中，力量素质是足球运动员掌握运动技能、提高运动成绩的重要基础。在进行足球运动时，足球运动员应做到：一方面，克服自己的体重和对手冲撞所产生的阻力，完成跑、跳、转身、急停等动作；另一方面，还要完成传球、接球、运球、顶球、射门、合理冲撞等技术动作。如果没有充足的体力，足球运动员是无法完成上述动作的。

在足球运动中，踢球技术动作训练不仅有利于足球运动员的身体健康，也十分有利于其力量素质的发展。足球踢球训练方法有很多，下面主要介绍四种常用的训练方法。

1. 动作模仿练习

练习者可以在脑海中设想地面上存在一个足球，然后在场地上跨步上前练习各种踢球动作，之后再渐渐过渡到慢跑几步进行踢球模仿动作的练习，最后可以进行快速助跑踢球的模仿动作练习。需要注意的是，在进行踢球动作模仿练习时，在设想脚触球的那一刻，踢球脚要使踝关节固定，并使脚背保持绷紧状态。

2. 双人踢球练习

无论是练习传球，还是练习射门，都可以两个人一起进行。如果想要练习踢定位球，两人可以同时辅以接球练习；如果想要练习踢活动球，两人可以相隔一段距离练习不停顿的连续传球；如果练习射门，两人可以一个负责传球，另一个负责射门，然后再进行互换练习；如果练习传球，两人还可以根据传球可能出现的各种可能性以及各种类型的球进行射门练习。此外，两人一组还能进行有对抗性的传射练习。

3. 双人"踢""挡"互换练习

双人"踢""挡"互换练习指的是一个人进行踢球练习，另一个人用脚底去挡球，两人交换练习。需要注意的是，这种训练方法要保证踢球腿摆动和踢球的部位要正确。

4. 利用足球墙，进行技术练习

练习者可以利用足球墙进行踢球技术练习，刚开始时，可以在距离足球墙5米左右的位置摆动小腿，注意踢球脚和球的接触面位置正确与否。当练习一段时间之后，练习者可以使自己与足球墙的距离增加至15～25米，进行中等力量的练习，此时要重视大腿的摆动。当练习者踢静止球有了一定的基础后，就可以逐渐增加踢个人控制的以及足球墙反弹回来的活动球的次数。

一般来说，利用足球墙练习各种踢球技术时，都要先练习静止球，再练习活动球；先关注技术环节是否正确，再朝着预定的目标击球。

（二）足球运动的速度素质训练

在足球运动中，速度素质训练对技战术的发挥起到了非常重要的作用。人们通过练习各种足球技术动作来提高自身的移动速度、反应速度等各项速度素质。抢断球是足球技术训练中一个比较重要的动作技术，它集中体现了人体的速度素质和灵活性。抢断球技术训练方法有很多种，下面介绍常用的训练方法。

1. 两人一球练习

队员甲把球踩在脚下，队员乙距离队员甲2米进行上步并做正面脚内侧堵抢练习，这个动作可以使乙队员熟悉上步动作和触球的部位。练习一段时间之后两人互换角色继续进行练习。

如果甲、乙两名队员在练习过程中出现同时触球的情况，抢球的队员乙要立刻提拉起球，使球从队员甲的脚面上越过并控制住球。通过一段时间的练习之后，两名队员可在触球的一瞬间同时进行提拉动作，体会和掌握提拉球的时机。

2. 合理冲撞练习

进行合理冲撞练习时，要注意练习过程的循序渐进，具体可以参考以下顺序进行练习：

（1）两名队员朝着相同的方向慢跑，在此过程中两名队员可以进行适当的合理冲撞，以此来体会冲撞的部位、具体时机以及冲撞时应该如何用力等。

（2）队员甲直线向前运球，队员乙从后方跑至与队员甲并肩的位置，之后伺机进行合理冲撞并控制球。需要注意的是，在练习过程中，运球队员甲要配合防守队员乙，使队员乙得到练习，两人练习的速度要循序渐进，从慢速逐渐增加到中速。

（3）在两名队员前5米的位置放一个球，当两名队员听到哨音之后同时朝球跑去，要求两名队员相互配合，选择合适的位置与时机进行合理冲撞并对球进行控制。经过一段时间的练习之后，教练员可以将静止球练习改为活动球练习。具体来说，就是教练员拿着球站立，两名队员分立其两侧，当教练员沿着地面将球抛出去之后，两名队员同时起动去追球，其间进行合理冲撞和控制球练习。

3. 铲球练习

如果是一人一球进行铲球练习，可以将球放在前方的某一个位置，练习者选择一个合适的位置站立，然后从原地蹬出进行铲球动作练习。如果练习者已基本掌握了铲球动作，练习者可以将球沿着地面慢慢抛出去，然后自己去追球再进行铲球练习，其间练习者可以体会如何对滚动的球进行铲球。当练习者能够熟练掌握铲球动作时，可以继续进行铲控、铲传等练习。

（三）足球运动的耐力素质训练

足球运动具有时间长、场地大的特点，因此，想要较好地完成足球运动中的各种技术动作，就需要很好的耐力素质。人体耐力素质水平的不断提高有利于改善人们的生活质量和精神状态。

运球技术在足球运动中有着极为重要的地位，是提高足球运动员身体耐力素质及其机体健康水平的重要技术。足球运球训练方法，主要包括运球绕杆练习、抬头运球练习和单脚交替后拉球转体180°练习等。

1. 运球绕杆练习

足球运动员排成一列纵队，第一个运动员过杆后将球传给第二个人，第二个人重复第一个人的动作，然后运动员依次进行这项练习。如果每一个运动员都有一个球，也可以在第一个人运球后，第二个人立即开始运球，然后依次运球绕杆直到队伍末尾。

2. 抬头运球练习

足球运动员面对教练员站成一个横队（也可以没有队形），与教练之间的距离保持在15米左右，然后运动员按照教练员给出的手势方向向前运球。需要注意的是，运动员要随时观察教练员不断变化的手势，并根据教练员的手势不断变化方向和位置。

3. 单脚交替后拉球转体180°练习

足球运动员在进行该动作练习时，要先用左脚进行支撑，用右脚拉球并向后转体180°，然后右脚快速着地进行支撑，左脚踩在球的顶部，两只脚交替进行该动作。

（四）足球运动的柔韧素质训练

足球运动中常常需要做出一些速度快、幅度大且用力突然的动作，这就要求足球运动员具有较高的柔韧素质。足球运动员的柔韧素质对其技术的发挥有直接影响，因此必须重视训练足球运动员的柔韧素质。足球运动员提高身体柔韧性的有效方法就是训练足球运球过人技术和假动作技术，下面对这两种足球技术训练进行具体的介绍。

1. 足球运球过人技术训练

（1）拨球练习。足球运动员在一定范围内进行自由运球练习，按照教练员的手势，一只脚做支撑，然后用另一只脚的脚背内侧或者外侧进行拨球并绕支撑脚进行圆周运动，两只脚交替进行练习。

（2）拉球练习。足球运动员在一定范围内进行自由运球练习，听到教练员的哨音后，一只脚做支撑，用另一只脚的前脚掌触球顶部，拉球并绕支撑脚进行圆周运动。要一步一步进行拉球练习。此外，足球运动员也可以在听到教练员的哨音后，一只脚做支撑，用另一只脚将球拉到身后，然后沿着拉球脚一侧转体180°继续进行运球练习。

（3）扣球转身变向运球练习。足球运动员在一定范围内进行自由运球练习，听到教练员的哨音后，一只脚做支撑，用另一只脚的脚背内侧部位进行扣球，使球移动的方向发生改变，改变的幅度要在90°以上，之后运球队员的身体要随着球转动的方向继续进行运球练习。

（4）扣拨组合练习。足球运动员沿着折线向前运球，在此过程中要用右脚脚背内侧部位进行扣球，之后用右脚做支撑，并立即用左脚脚背外侧部位将球拨向斜前方，可运两步球或者不再运球，然后用右脚做支撑，左脚脚背内侧部位朝右斜前方扣球，之后用左脚做支撑，用右脚脚背外侧部位将球拨向斜前方。需要注意的是，练习该动作时要保证扣球的方向能使运球路线保持折线行进，扣球变向的角度要稍微小一点。

2. 足球假动作技术训练

在无人对抗的情况下，一人一球进行假动作练习。具体练习方式包括：①向左（右）假踢或假接，然后改向右（左）拨球前进；②向左（右）假踢触球，然后立即改用前脚掌拉回球，并向右（左）推拨球前进；③向左（右）跨过球，然后改向右（左）拨球前进；④一个人将球踢向高处之后，用自己的下肢或者身体做虚晃假动作接球练习，用头、腿、脚、胸等部位接球都可以。假动作的方向可以和真动作完全相反，也可以只相差一定的角度。

如果是两人进行对抗，两人可以交替进行假动作练习，其中充当防守队员的一人主要进行消极防守。如果已经有一定的假动作技术基础，可以进一步结合球练习假动作之后的传球、射门，多名练习者也可以采用三对三、四对四等方式练习传、抢技术，或者以小比赛的形式练习假动作。

（五）足球运动的灵敏素质训练

足球运动员的灵敏素质是其运动技能与各种素质在运动过程中的综合体现，能够对足球运动中的技术和战术效果产生极大的影响。它要求足球运动员在很短的时间内拥有良好的判断能力，同时能准确、协调地处理好自己身体各个部位之间的关系以及自己与对手或球之间的关系。掌握足球颠球技术有利于提高足球运动员的灵敏素质。

1. 一人一球颠球练习

一人进行颠球练习时，要认真体会脚触球的时间、部位、力量，同时要注意动作的协调性。

2. 两人一球颠球练习

两人使用同一个足球进行颠球练习时，两人可以分别用头部、脚背、大腿以及身体其他部位去触球，将球传给对方，注意掌握好触球的力度，尽量不要让球落在地上。

3. 四五人一组颠球练习

四五人组成一组围成圈，然后使用两个球进行颠球练习。提前规定好组中每一个人可以触球的部位及次数，或者自由掌握触球的部位及次数，具体练习技巧则按照上文叙述的颠球技术动作进行。

第三节 排球运动教学及其体能训练

排球运动场地设施简单，比赛规则容易掌握，要求每位队员都有不同的位置站位，球不得落地与连击，具有高度的技巧性以及技术动作的全面性。在比赛或者活动中，每位队员随时都有接触球的可能，所用技术既要有攻击性，又要有准确性，场上队员之间还要有相互协调配合的合作。排球运动具有激烈的对抗性、严密的集体性和快速攻防的两重性，排球运动正向着全面、快速、多变、高度、立体的方向发展。作为游戏活动时，排球运动又不拘形式，没有身体接触，安全有序，是学生课余体育锻炼的理想运动之一。

一、排球运动的教学特点、意义与价值

通过参与排球运动，可以全面发展体能，提高协调性、灵活性、弹跳能力等身体素质，改善机能全面发展状况，促进身体生长发育。在比赛或游戏活动中，既能增进友谊，培养与人交往的能力，又能培养集体主义精神、高度的责任感与团队意识。排球运动在其创建和发展的过程中，形成了独特的特点。

（一）排球运动的教学特点

1. 形式的多样性和广泛的群众性

由于排球运动可变性较强，可以在地板上、草地上、雪地里、沙地上甚至水中进行，因而其运动形式也多种多样，体现出了运动形式多样化的特征。同时参加运动的人数可多可少，不同年龄、不同性别、不同训练程度和水平的人都可以参加，因而体现出了该运动的广泛性、群众性的特点。

2. 激烈的对抗性和高度的安全性

排球比赛中双方的攻防转换始终是在激烈对抗中进行的，特别是在新的规则每球得分制的情况下，失球即失分。现代排球的对抗从发球时开始，传、

扣、防每一环节都充满激烈的竞争，因而排球运动体现出激烈的对抗性。但排球运动的这种激烈对抗性，有别于其他具有身体直接接触的运动项目。在排球比赛中双方间隔着一道网，没有直接的身体接触，这样即使在激烈对抗中，运动员也是安全的，体现出高度安全性的特点，故称排球运动是一种激烈的文雅的运动。

3. 技术的全面性和攻防的两重性

排球比赛中球路运行的多变性，要求运动员全面掌握排球的各种技术，既要掌握垫球、传球技术，又要掌握扣球和防守技术。在当今高水平比赛中，即使是二传，也要掌握扣球技术，这样才能立于不败之地，因而排球运动技术全面性的特点也尤为凸显。排球比赛中每个环节都可能得分或失分，故运动员在完成各项技术动作时，都是攻中有防，防中有攻，相互转化，相互制约，体现出攻防技术的两重性。

4. 个人的高度技巧性和严密集体性

运动员在比赛时每一个动作的细小变化，都可以引起排球速度、旋转、落点的改变。如果运动员在比赛时能熟练运用个人技巧的变化，往往能收到意想不到的效果，如扣球中被广泛运用的轻扣、时间差、空间差等，因而排球运动具有高度的个人技巧性。但排球比赛是由发球、垫球、传球、扣球等一系列的技术动作组成的，即使在同一个技术动作中，也需要同伴进行掩护和协作，如扣球中交叉、双快一游动等。所以说排球比赛具有严密的集体性。

（二）排球运动的意义与价值

在运动能力方面，通过排球内容的教学，学生不仅可以掌握排球运动的技战术，更重要的是认识到排球运动是一项全身性、综合性运动项目，具有很高的健身锻炼价值。在排球比赛或游戏活动时，通过各种形式的有球和无球活动，如发球、垫球、传球、扣球、拦网等动作技术，以及跑动、急停、跳跃、翻滚等身体活动，能全面发展体能，尤其是发展移动能力、弹跳能力、肌肉力量、手臂鞭打能力等。经常参与排球运动，能有效锻炼身体，加快新陈代谢，改善身体成分，保证身体各系统正常运转，从而保持身体健康。

在健康行为方面，排球比赛或游戏活动时，对阵双方激烈竞争，场上局面变幻莫测，胜负难料，对学生的观察力、创造力、记忆力、想象力、思维能力和应变能力都有较高的要求。经常参加排球比赛或游戏活动，可以使判断更准确，视野更开阔，意志更顽强，自信心更足，心理素质更好，情绪控制更佳，还可以养成良好的锻炼、卫生、饮食和作息习惯，有效控制体重，远离不良嗜好，预防运动损伤和疾病，有效改善视力，消除运动疲劳以及增强人体对自然环境和社会环境的适应能力等。

在体育品德方面，女排精神是对中国女子排球队顽强战斗、勇敢拼搏精神的总概括。无所畏惧、顽强拼搏、勤学苦练、同甘共苦、团结一致、刻苦钻研、勇攀高峰等都是女排精神的特点。经常参与排球运动可以培养学生的意志力、自制力、责任感和勇敢顽强、不畏困难、不断进取、坚韧不拔的意志品质，以及敢于竞争，勇于担当、团结协作，胜不骄、败不馁，遵守纪律，文明礼貌，公平竞争，尊重对手、尊重裁判、尊重观众等优良品质。

二、排球运动的体能素质训练

（一）排球运动的力量素质训练

发展运动员力量素质的训练，必须遵循针对专项的力量素质特征。

1. 最大力量训练

最大力量训练的方法主要有两种：增大肌肉生理横断面的最大力量训练和改善肌肉内协调能力的最大力量训练。这两种训练方法具体表现为以下两个方面。

（1）增大肌肉生理横断面的最大力量训练。

第一，负荷强度。在运动员选择负荷强度的时候，应该主要以重量为指标，进行训练的时候也应该采用最大极限负重量的60%～85%进行训练，以全面促进肌肉的功能性肥大，全面增大肌肉的横截面积。

在进行突破性运动训练的时候，100%的极限负荷应该少用，一般来讲，减少极限负荷量可以有效地防止运动员受伤和心理压力过重等情况的出现，每周穿插进行1～2次即可，适当的负荷强度能够提高肌纤维的同步化工作程度以及促进运动员良好运动心态的形成。

第二，练习的持续时间。在运动员进行训练的时候，练习的时间不要太长。在每次进行训练的时候可适当减小动作的幅度，并且减小动作完成的速度，尽量控制动作的流畅性，最大的忌讳就是在做动作的时候中间停顿，我们完成一次动作的时间一般为4秒钟，从心理学的角度来讲，有利于相应的肌纤维变粗，肌肉的横截面积也会随之增大。

第三，练习重复的次数与组数。运动员进行最大力量训练的重复次数和组数应视自身情况而定。从一定程度上来讲，最后几组和次数的练习是整个运动训练过程中肌肉参与最多的过程，当人的生理运动达到极限的时候，继续进行负荷较小的运动训练，此时所起到的训练效果、作用和极限负荷的用力程度是很相似的。

第四，组间的间歇时间。运动员进行肌肉力量训练时应保持合理的组间间歇时间。待上一组练习中肌肉所产生的疲劳基本消除之后，再进行下一组练习。

（2）改善肌肉内协调能力的最大力量训练。

第一，负荷强度。运动员在进行负荷强度选择的时候，为了使肌肉内协调能力的最大力量达到较高的水平，可以采用极限负重量的85%以上进行负荷强度的训练。从一定程度上来讲，这种运动负荷能够有效地刺激运动神经中枢，使更多的运动单位能够参与到运动活动中来。

第二，练习持续时间。运动员在进行训练的过程中还有一点需要注意，那就是持续训练的时间不应该太长，持续训练时间过长会造成肌肉动作记忆的产生，一旦肌肉产生了记忆，那么一些需要最大力量的动作，将会受到很大的影响。同时在进行练习的时候，每次练习的动作速度要适当加快一些，每次动作完成的时间一般以2秒钟左右为宜。

第三，组间的间歇时间。从运动员训练完成一组之后到第二组开始的时间，也就是组间的间歇时间要根据自身的身体素质和身体情况而定，一般要保持在三分钟左右，或者更长一些。

排球运动员在进行最大力量的训练时，首先要做的就是采取一些能够增大肌肉横截面积的手段，来加大肌肉的体积和力量，在有了一定的力量基础之后，再进行相应的协调性的训练，这样做能够最大限度地减少肌肉损伤的发生。

2. 速度力量训练

（1）负重练习。

第一，负荷强度应适宜。排球运动员在进行速度力量训练的时候，对运动的负荷应该进行适当选择，当运动负荷过大的时候，在一定程度上会影响动作完成的速度，但是负重过小又难以表现出速度力量，所以我们需要经过科学的实验和有效的实践来得出相应的运动负荷强度。在进行速度力量训练的时候，我们应该尽量要求运动员自身去体会最大速度和最大用力，比如要发展爆发力的时候，伸缩性会比平时大一些，这时应采取较大的负荷强度。

第二，练习的次数和组数。排球运动员在进行运动训练的时候，尤其是在进行速度力量训练的时候，练习的次数和组数应该根据自身的情况而定，切忌过分高估或低估自己的运动能力。通常来讲，运动员的重复练习次数应该以5～10次为宜，组数为3～6组。对于运动训练的组数，我们应该辩证地去看待，当确定练习的组数的时候，应该遵循一个原则，即在不降低运动员完成速度的前提下进行。

第三，组间间歇的时间。组间间歇的时间应该适当加长，但是不能过分加长，通常以2～3分钟为宜，时间过长在一定程度上会导致中枢神经系统的兴奋性大幅度下降，对于下一组的练习有很大的影响。

（2）不负重练习。排球运动员在采用不负重练习手段进行速度力量训练的时候，简而言之，也就是运动员没有运动训练器材的时候，他们可以进行一些原地深蹲跳的动作，以克服自身体重来进行运动训练。学生可以进行单、双足跳台阶和跳深练习等；或者采用发展上肢和躯干的练习。

第一，跳深练习。发展下肢力量的运动训练方式是多种多样的，其中，跳深练习是非常有效的训练方法，对于增强下肢的爆发力具有非常明显的作用。在进行跳深练习的时候，运动员一般采用的训练方式有跳深、连续不停地跳过障碍物等，这两种发展下肢力量的训练方式是非常有效的。跳深练习通常来讲是一种超等长的练习方法，先要使肌肉做一些离心工作，随之做一些向心的工作。要想保持动作的连续性和爆发性的能力，跳台阶不失为一种很好的练习方法，在进行练习的时候可以使用双脚跳，也可以进行单脚跳，但是在进行训练之前一定要做好充分的准备活动，防止运动损伤的发生。

第二，动作的快速练习。动作速度的练习方式同样有很多种，其中比较有效的就是手持一些重量较小的重物进行训练，但是手持重物的质量不应超过比赛时所需要承担的重量，一旦超过比赛时所需承担的重量，学生就会产生一种相对厌恶的情绪，不能以平和的心态参与锻炼，这样运动训练效果就会大打折扣。

3. 力量耐力训练

力量耐力的训练方法，主要有以下四种：

（1）练习的强度。排球运动员在进行力量耐力训练的时候，训练方式多种多样，其中选择合适的练习强度是众多训练方法共有的特点，在进行克服较大阻力的力量耐力训练时，适当的运动负荷是保证运动员取得良好运动成绩的重要基础，一般要求以最大负荷量的75%～80%来进行重复练习。当排球运动员在进行克服较小阻力的力量耐力训练时，运动员们应该采用最小负荷强度不小于最大负荷强度35%的运动负荷来进行，负荷强度的过大或者过小，一般都会影响训练的效果。

（2）练习的重复次数与组数。在运动员进行力量耐力的训练时，练习的次数一般要达到自己的极限重复次数，只有这样才有可能达到训练的效果。当达到不能再继续做的程度时，能够有效地提高人的呼吸系统供氧能力，促进人体的血液的循环，进而达到训练的效果。

排球运动员在进行力量耐力训练的时候，所练习的组数与运动负荷也是要根据现实情况来决定的，通常来讲，力量耐力的训练都是要在运动员达到极限重复次数的前提下进行训练的。

（3）练习的持续时间。在采用动力性练习的时候，练习的次数和组数共同决定了练习的持续时间，为了能够更好地为练习的持续时间提供更加科学化的理论依据，当采用静力性练习的时候，单个动作的持续时间一般要求为10～30秒钟。

练习持续的时间一般取决于负重量的大小：当运动员负重量大的时候，持续的时间就会缩短一些；当负重量小的时候，运动员持续的时间就会稍微长一些。

（4）组间的间歇时间。运动员在进行力量耐力训练的时候，应该坚持的一个重要原则就是在身体没有完全恢复的情况下进行下一组的练习，这样做的目的就是能够让运动员进行运动疲劳的积累，在运动疲劳不断积累的情况下，运动员还能够完成力量的训练，对于力量耐力的增长具有非常重要的意义。运动员在经过了一定的练习之后，感觉到相对明显的疲劳，此时就要适当延长休息的时间，保证运动员的身体机能能够恢复到训练以前的状态。

4. 综合性力量训练

（1）塔式训练法。所谓的塔式训练法就是采用极限以及次极限的运动强度，从另一个角度来讲，就是逐渐提高运动负荷的重量，逐渐加大运动训练负荷的重量，一直把运动训练的负荷增加至运动员仅能完成一次练习，然后再逐渐减少运动训练的负荷。另外，在减少重量的同时，逐渐增加运动的次数。

（2）循环训练法。所谓的循环训练法就是指按照一定的规则设定出若干个力量的练习点，综合安排不同的训练内容，通过多种渠道和方法去影响不同的肌群力量。

（3）混合训练法。混合训练法，是指采用两种以上训练方法以发展力量能力的一种训练方法。比如，可以先做肌肉增粗练习3~4组，再做快速力量练习4~8组。

（二）排球运动的速度素质训练

1. 局部速度训练

在排球运动中，运动员的反应主要有三种表现：①简单的信号反应，比如在获得同伴的传球之后，接球球员可以快速选择扣杀或传球；②简单的预测反应，在看到同伴传球之后，接球人应该迅速跑动至自己所预测的球落点位置，尽快调整自己的动作与站位，有准备地去做接球以后的动作；③复杂的选择反应，运动员可以根据对手的变化，恰到好处地快速作出正确的判断和选择。

排球运动员的局部速度的训练方法主要有以下两种：

（1）提高预测能力。进一步全面提高运动员对时空动作相互影响的预测能力，比如，排球运动员可以通过经常参加比赛来获取一些经验，或者逐步完善自身的技战术，使自己对各种动作的结果有更加准确的预见性，从而主动作出一些比较有预见性的判断，以此来弥补反应速度的短板。

（2）缩短反应时间。缩短动作的反应时间，尤其是关键动作的反应时间，主要方法是各种专项技术动作结构的强化训练。

2. 动作速度训练

排球的技术动作通常来讲只有两种，即单一技术动作和组合技术动作，这两种技术动作是包含与被包含的关系。单一技术动作是组合技术动作的重要组成部分，单一技术动作的好坏直接决定了组合技术动作的效果。

排球运动员提高动作速度的训练方法主要有以下两种：

（1）提高完成动作的频率。在规定的时间之内增加完成动作的次数，或者是在规定的动作次数下逐渐缩短完成动作的时间。

（2）缩短完成动作的时间。反复加强单个动作的关键环节或者是某组合动作每个环节的衔接动作，使组合型动作的完成更加顺畅。

3. 位移速度训练

排球运动员的位移并没有一定的周期性，位移速度和运动的频率以及各项技术动作的幅度有很直接的关系。

运动频率的快慢以及各项技术动作的幅度大小，要切实根据实际情况来决定，比如自身的身体条件、技术动作的掌握程度和个人的身体素质等。

（1）动作幅度的训练方法。排球运动员主要采用的是通过改进技术动作的方法来全面提高动作的幅度，也就是要通过技术动作的改进，来完成身体灵活度的进一步提高，利用排球运动员自身的条件去提高动作的幅度。

（2）动作频率的训练方法。提高动作频率的方法就是在充分保证一定动作幅度的前提下，改进技术、提高素质，以在一定的时间内增加动作完成的次数。

4. 综合速度训练

综合速度的训练方法主要有以下三种：

（1）全面提高排球运动员的个人技术。排球运动员应该具备相对扎实的基本功，把各项基础动作都能够熟练运用到整个动作中去，通过各种手段和方法切实提高个人的运动技术。

（2）加强配合速度的训练。要加强配合速度训练，建立队员之间的默契。

（3）排球运动员战术反应速度的培养。在进行排球运动训练的时候，战术的反应速度往往对于比赛能够起到决定性的作用，反应速度的快慢也会影响动作完成的效果，甚至比赛的结果。教练员要对学生有一个比较严格的要求，全面加深排球运动员对于比赛规律的认识，在熟悉各种战术配合的基础上，减少反应的时间，尽量使运动员能够在较短的时间内提高战术的反应速度。

（三）排球运动的耐力素质训练

耐力训练是最大限度接近比赛动作的练习，其任务是充分利用运动负荷的增长来发展专项耐力，建立必要的耐力储备，为培养稳定的比赛能力打下良好的基础。不同的运动项目对专项耐力有不同的要求，不同的运动项目耐力素质的表现又具有不同的特点。因此，为了发展耐力素质，就必须根据各个项目的专项特点，选择适宜的训练内容、方法和手段。

1. 移动耐力的训练

（1）连续地跑动滚翻或鱼跃救球。

（2）20～30米冲刺跑7～8组。

（3）队员连续移动接教练员抛出的不同方向、不同弧度的球。

（4）个人连续地跑动传球或垫球10～15次。

（5）单人全场防守，要求防守15个好球为一组。

（6）通过观察教练员的手势连续向右前、前、左前方进退移动，2～3分钟为一组。

（7）队员连续移动接教练员掷出的不同方向、不同距离的地滚球。

（8）跑动滚翻或鱼跃救球；全场移动单人依次防守10～20个球；"8"字防守30～50个球；连续地跑动传球或垫球20～30次；连续大强度地防守或3人防调练习。

（9）36米移动。练习者站在进攻线后看信号起动，前进时必须用双手摸到中线，后退时双脚必须退过进攻线，前进、后退两个来回后接侧身滑步或交叉步移动（不许转身）两个来回，用单手摸线，然后做钻网跑练习。单手摸对方场区进攻线，折回时单手摸出发线。

2. 弹跳耐力训练

（1）连续小负荷、多次数的力量训练。

（2）3～5人为一组，连续滚翻救球，每人30～50次。

（3）连续收腹跳8～10个栏架。

（4）连续原地跳起单或双手摸篮板或篮圈。

（5）规定次数、时间、节奏的跳绳，如5分钟跳绳练习。双脚双摇跳30秒，左脚弹跳1分钟，右脚弹跳1分钟，完成两个循环正好5分钟（可根据训练水平调整运动负荷）。

（6）30米冲刺跑10次，每次间歇15～20秒钟。

（7）用本人弹跳80%的高度连续跳20～30次为一组，跳若干组，组间休息2～3分钟。

（8）个人连续扣抛球10~20次为一组，扣若干组，组间休息3分钟。

（9）连续移动拦网。队员先在3号位原地跳起拦两次，落地后移动至4号位拦一次，然后回到3号位拦一次，移动到2号位拦两次，再回到3号位拦两次。如此重复2~3个循环为一组。

（10）单人连续扣球20~30次，组间休息3分钟；3人连续扣球90~120次，组间休息2~3分钟；在4、3、2号位连续各扣5球；连续扣防练习：扣球后下撤防守，再上网扣球，20次为一组，做若干组；单人连续拦网10次，要求不能犯规；在3、4（2、3）号位连续左右移动拦网10次；在2、4号位连续左右移动拦网×6次；拦网结合保护练习，拦一次后下撤保护一次，做10个组合为一组，做若干组。

3.综合耐力训练

（1）身体训练以后再进行排球比赛或比赛以后再进行身体训练。

（2）象征性排球比赛模仿练习。队员先从1号位防起一个扣球之后，前移防起一个吊球，然后移动到6号位调整传球一次，移动到5号位防一个扣球，再移动到4号位扣一个球，移动到3号位做一次拦网动作，后撤上步扣球，最后移到2号位。一次单脚起跳扣球为一组，连续做若干组。

（3）连续打5~7局或9~11局的教学比赛，可训练比赛耐力。

（4）按场上轮转顺序，在6个位置上做6个不同的规定动作，连续进行若干组。例如1号位跳发球—6号位左右补位移动救球—5号位滚翻防守救球—4号位扣球—3号位拦网—2号位后撤鱼跃救球。

（四）排球运动的柔韧素质训练

排球运动员进行柔韧素质的训练在外行人看来似乎是没有什么必要的，但是柔韧素质的加强确实能够改善排球运动员的肌肉伸展性和弹性，提高运动技术的水平，最大程度地减少运动损伤的发生。常用的训练方法主要有主动性训练法、被动性训练法和混合性训练法三种，具体如下：

第一，主动性训练法。主动性训练就是通过大脑的控制与指挥，使身体的肌肉获得一定的收缩或者舒张，肌肉在收缩或者舒张的过程中会产生一定的惯性，这种惯性会使身体其他部位的肌肉获得相应的运动。

第二，被动性训练法。被动性训练就是身体借助外力（器材、同伴的帮助），使得肌肉被动地拉长或者缩短，从而达到运动训练的目的。

第三，混合性训练法。混合性训练就是在以上两种训练方式的共同作用下，肌肉活动的方式不仅有主动地拉伸与收缩，而且还有被动地拉长或缩短，在两种运动形式的共同作用下，运动训练的效果将会更加明显。

（五）排球运动的灵敏素质训练

1. 结合球训练

（1）持球躺在地板上，自己向上抛球后立即起身接住球。

（2）将球用力向地面击打，待其反弹后从下方钻过，反弹一次，钻一次，看最多能钻多少次。

（3）各种鱼跃或滚翻救球。

（4）连续接教练员扣球、吊球和扔球的各种来球。

2. 连续跨"山羊"

部分队员呈"一"字形或圆形站位，相距3~5米，报数。单数队员侧身站立，直腿弯腰，两手握住踝关节呈"山羊"式。双数队员面朝前，两脚开立略比肩宽。其他队员依次交替跳过"山羊"和钻裆后，交替以"山羊"式或"开裆"式站立。

3. 结合排球场训练

可结合排球场的画线、排球基本技术，设计各种各样的发展灵敏素质的练习。例如，两人一组，全队分为若干组，站在边线上，等待信号；甲做"羊"，乙跳过并立即从背后向前钻出，然后甲乙二人拉手跑至另一边线，交换角色，做完拉手跑回，看哪个小组快。

4. 垫上训练

可在体操垫上做各种灵敏练习，如前滚翻接后滚翻，鱼跃前滚翻跃过1人、2人或4~5人，前滚翻接跪跳起接绕腿坐，直腿前滚翻接后滚翻推手起倒立等。

5. 立卧撑跳转体

将俯卧撑、起跳、空中转体三个动作固定组合，完整完成立卧撑动作后接原地挺身跳转体180°。

6. 复式鱼跃障碍

将深蹲式、半蹲式、站立式姿势与鱼跃动作固定组合，根据需要，设置不同高度的障碍。让运动员连续以不同的规定动作鱼跃越过障碍。

7.跳起收腹

将跪式跳、蹲式跳、空中收腹三个动作固定组合，完整完成跪跳、蹲跳后空中收腹的组合动作。整个动作要完整、快速，各个动作衔接迅速，连续进行20秒为1组，计数练习5~8组。

8.低姿势钻栏架赛

将四个低栏架分别摆放在球场的中线和限制线上，全队分成人数相等的两组，在端线列队站好。教练员抛球为比赛开始信号。比赛开始后，两组排头队员沿直线依次钻过两个低栏架后，用脚迅速踏触中线，然后快速折返端线拍击下一队员的手掌。其他队员依次做相同动作，直至全组做完。快者为胜队。

9.蛙跳鱼跃组合

将全队分成人数相等的三组，分别在端线呈纵队站立。比赛信号发出后，各组排头队员做两级蛙跳动作，接着做两个原地鱼跃动作。而后，重复做上述动作各一次，跑至另一端线后迅速返回并拍击下一队员的手掌。第二人做同样动作。全组依次完成，快者为胜队。练习组数和次数视队员兴趣而定。

第四节 羽毛球运动教学及其体能训练

羽毛球运动无论是进行有规则的比赛还是作为一般性的健身锻炼活动，都要在场地上不停进行脚步移动、跳跃、转体、挥拍等活动。羽毛球运动对人们的体能有着很高的要求，特别是对羽毛球运动员而言，想要打好羽毛球并取得优异的成绩，就必须通过体能训练提升自身的体能水平。

一、羽毛球运动的教学特点、意义与价值

（一）羽毛球运动的教学特点

羽毛球是一项轻巧型球类运动，属于技战能主导类隔网对抗性运动项目。要想使体能训练达到预期的效果，使体能训练的目标得以实现，先要明确羽毛球运动对体能的要求。

羽毛球是一项需要靠脚步移动与持拍手手臂挥动协调配合的运动。其中，脚步移动主要是通过下肢肌肉的快速收缩力使人体在短时间内快速移动一定的距离。持拍手手臂挥动主要是利用手臂肌肉收缩所产生的爆发力，通过羽毛球拍传递给羽毛球并将羽毛球击出去。脚步移动配合上肢就可以完成完整的击球动作，而快速移动就是羽毛球运动员在比赛时的重要运动形式。

作为一项运动比赛项目，羽毛球运动要求运动员具有速度快、爆发力强、耐力强、柔韧性好、灵敏性好等特点。其具体表现就是运动员在做转体侧身与弯腰动作时的速度要快；上手击球时出手要快，手腕、前臂与肩带都要有很强的爆发力；下肢移动的完成需要由蹬步、跨步、垫步、蹬转步、蹬跨步、交叉步、并步以及跳步等步法共同完成，他们可以组成上网、两侧移动、起跳腾空、后退等综合步法，这些步法具有很强的专业性。

羽毛球运动中的回合运动时间大多在10秒之内，间歇时间大多在10～15

秒，而一场羽毛球比赛的时间甚至能够达到2小时，即使是在当前羽毛球比赛规则更改为每局21分制以及每球得分制之后，一场羽毛球比赛的时间也常常会超过1小时。

羽毛球运动形式的特点主要包括：①双方回合运动的时间很短；②运动强度比较大；③在比赛的状态下时常会出现间歇；④整场比赛会持续较长的时间；⑤羽毛球运动中来球的质量与空间方位有着比较明显的变化，具体来说就是来球的方向和角度不定、来球的弧度高低不定、来球的距离长短不定、来球的力量大小不定等；⑥对羽毛球运动中出现的同一种情况所能采取的解决处理方法有很多种。

总体来说，羽毛球运动形式的这些特点其实就是一种非周期性特点，它决定了羽毛球运动员要具有良好的反应速度和身体协调性，具备较好的速度力量素质、速度耐力素质和灵敏素质，还要有较好的有氧代谢能力。对于部分高水平的羽毛球运动员来说，他们还要具备全面的攻防能力、较好的耐力储备、高超的控制和反控制能力等。

（二）羽毛球运动的意义与价值

在运动能力方面，通过羽毛球内容的教学，学生不仅可以掌握羽毛球运动的技战术，更重要的是了解羽毛球运动是一项全身性、可调节性、简便性的运动项目，具有很高的运动锻炼健身价值。在羽毛球比赛或游戏活动时，通过各种形式的有球和无球活动，如发球、击球等动作技术，以及快速移动、急停急起、挥拍摆臂、跳跃击球等身体运动，能较为全面地发展体能，尤其是发展速度耐力、肌肉力量、肌肉耐力、协调性、灵敏性、反应时等。经常参与羽毛球运动，可以锻炼身体素质，改善身体成分，塑造健康的体形，促进新陈代谢。

在健康行为方面，羽毛球运动适合男女老少，运动量可根据各人年龄、体质、运动水平和场地环境而决定。在羽毛球比赛或游戏活动时，双方场上攻守转换快速多变，局面变幻莫测，胜负难分，对学生的耐力、反应能力、判断能力、决策能力等都有较高的要求。经常参与羽毛球比赛或游戏活动，可以使学生精神抖擞、反应灵敏、处事果断等，也可以提升人际交往能力，拓展人际关系，提升社会与生活适应能力。

在体育品德方面，羽毛球运动被称为智者的运动，经常参与羽毛球运动可以培养个人的自律性、敏捷性、意志力、责任感、进取心和坚持不懈等意志品质，以及敢于竞争、不畏困难、遵守规则、文明礼貌等优良品质。

二、羽毛球运动的体能素质训练

羽毛球运动的体能素质训练，主要包括力量素质训练、速度素质训练、耐力素质训练、柔韧素质训练和灵敏素质训练五个方面。

（一）羽毛球运动的力量素质训练

1. 上肢力量训练

（1）哑铃操练习。使用哑铃对上肢力量进行训练是一种常见的方式，也是初学者提高力量素质的一种十分有效的方式。由于每个人的情况不同，因此，练习者在进行上肢力量训练时应该选择适合自己的哑铃重量。如果所选哑铃的重量较大，负荷练习的次数就会较少，完成的速度也会较慢；与之相反，如果所选哑铃的重量较小，负荷练习的次数就会增加，完成的速度也会较快。通常来说，哑铃的重量为3千克、5千克、7千克、10千克不等，负荷练习的次数可以对应安排为10×3组、15×3组、20×3组、30×3组不等。

使用哑铃的练习具体包括六种方式：①持哑铃向头上推举；②持哑铃在胸前进行推举；③持哑铃在身体侧方进行平举；④持哑铃在身体前方进行平举；⑤持哑铃做扩胸动作；⑥持哑铃在身体侧方做提收动作。

在练习哑铃操时，负荷练习主要包括两种方法：①选择重量较大的哑铃，按照上面提到的六种哑铃练习方式分别做一组，连续完成这六项内容为一大组，完成一大组之后休息两分钟，一共需要练习3～6大组；②选择重量较小的哑铃，将上述六种哑铃练习方式各做3小组，每小组之间休息2～3分钟，然后逐渐完成六项内容。不过，以上练习仅作大致的参考，在实践中进行具体操作时要根据实际情况进行适当的调整。

（2）上肢静力性练习。上肢静力性练习是指选择重量较小的哑铃进行静止力量练习，练习目的是使人体各大肌肉群的绝对力量得到增强。上肢静力性练习主要包括四种练习方式：①持哑铃在身体侧方进行静力平举；②持哑铃在身体前方进行静力平举；③手腕静力对抗；④肩臂静力支撑。

由于每个人的实际情况不同，所以在做上肢静力性练习时要注意把握好时间的长短，如30秒、1分钟、2分钟或者更长时间等。

（3）上肢15～20千克杠铃练习。上肢15～20千克杠铃练习主要是利用杠铃对上肢动作的爆发力和协调能力进行锻炼。上肢15～20千克杠铃练习的具体练习方式主要包括三种：①提起杠铃做抓举动作；②持杠铃使前臂在身体前方进行屈伸；③持杠铃进行前后分腿跳并做挺举动作。

（4）杠上练习。杠上练习主要包括三种方式：①利用单杠做引体向上；②利用双杠做支臂静力支撑；③利用双杠做曲臂撑。

除上述提到的四种练习方式外，基础力量素质训练的练习方式还包括仰卧撑、俯卧撑、卧推举等。

2. 下肢力量训练

（1）下肢杠铃负重练习。下肢杠铃负重练习是为了提高羽毛球运动员下肢肌肉的爆发力与绝对力量。当练习者利用一定重量的杠铃进行负重练习时，其下肢肌肉的力量会明显增强。练习者在选择杠铃的重量时不能过大或者过小，通常以10～15千克为宜，在练习过程中还要注意保持一定的速度与频率，通常练习3～5组，每组20次左右。下肢杠铃负重练习主要包括以下方式：

第一，负重静力半蹲：上身保持挺直，屈膝90°左右，坚持一定的时间，使大腿肌肉和膝关节的承受能力得到锻炼。

第二，负重半蹲起跳：练习者身负一定重量的杠铃做半蹲动作，之后抬起足跟，利用踝关节的力量连续向上做蹬跳动作，这有利于提高脚弓的爆发力。

第三，负重全蹲起跳：这种练习方式的动作幅度比半蹲起跳更大一些，要利用大腿、小腿、踝关节的力量连续向上蹬跳，姿势要尽可能保持直立状态。

第四，提踵：练习者身负杠铃保持直立姿势，然后利用小腿与踝关节的力量连续向上做提踵动作。

第五，单脚或双脚前后左右蹬跳：练习者身负杠铃保持直立姿势，然后单脚或双脚朝着前后左右一米进行蹬跳练习。

第六，弓箭步跨步：练习者身负杠铃保持直立姿势，保持上身挺直，然后朝着规定方向做弓箭跨步动作，既可以左右腿分开跨步练习，也可以左右腿交叉跨步练习，该动作有利于提高羽毛球运动员的腿部力量。

（2）跳跃练习。初学者在增强下肢力量时通常会采取各种跳跃动作进行练习，随着练习不断深入，他们的负重练习也会相应增加，例如，他们会在腿上系上沙袋等进行负重练习。以下为不同姿势的跳跃动作：

第一，纵跳摸高：设置一个目标物，目标高度以练习者全力跳起恰好可以碰到的高度为宜，练习者身体呈站立姿势，然后全力跳起去触摸目标物，这种练习的目的是锻炼腿部的爆发力。需要注意的是，练习者在跳的过程中既要竭尽全力，也要保持一定的频率，一共做3~5组，每组做20~30次。

第二，单腿蹬跳台阶或者高凳：练习者身体呈站立姿势，利用一定高度的台阶或者高凳，先用一只脚踩在台阶或者高凳上做蹬起动作，重复该动作之后换另一只脚继续该动作，这项练习主要是为了锻炼练习者的腿部力量和踝关节力量。需要注意的是，开始练习这个动作时要注意安全，以免脚踝受伤。

第三，双脚跳跃障碍物：设置具有一定难度的障碍物，如羽毛球筒，要确保障碍物是稳固的，之后练习者要按照要求双脚进行跳跃障碍物练习。这项练习主要是为了锻炼练习者的腿部力量以及身体的协调性和灵敏性。

第四，蹲走：练习者保持全蹲姿势，用前脚掌朝前方或者后方行走，在此过程中，练习者要尽可能保持一定的速度，手臂在进行前后摆动时用力要协调。需要注意的是，在进行该项练习时，练习者要根据自己的实际情况合理把握练习的负荷量。

第五，全蹲向上跳：练习者保持站立姿势，然后向下全蹲再用力向上跳起，落地之后再次下蹲并再次向上跳起，反复练习该动作，通常以20次左右为一组，稍做休息后再练习3~5组。这个动作有利于提高踝关节、大腿及小腿的爆发力。

（3）局部小肌肉群练习。局部小肌肉群的力量练习主要包括以下类型：

第一，训练腰部与大腿内、外侧肌肉的力量：练习者身体保持直立姿势，双手放在腰部，脚背系上沙袋，之后通过大腿带动小腿朝前后或者侧方做快速摆腿的动作。

第二，训练股二头肌力量：练习者身体保持直立或者俯卧姿势，双手握住一个固定物，脚踝负重，然后单膝向后弯曲呈直角，反复练习，之后换另一条腿重复上述动作。

第三，训练股四头肌力量：练习者坐在凳子上，双腿自然弯曲，脚背负重然后单腿或者双腿向上抬起至伸直状态，反复练习该动作直到达到一定的次数。

（4）力量练习游戏。游戏也是力量练习的重要形式之一，它能够提高力量训练的趣味性与练习的效果。力量练习游戏主要包括以下形式：

第一，爬走：练习者保持俯卧姿势，除了手脚之外，身体的其他部位都不能触碰地面，然后迅速向前爬行。

第二，推"车子"：练习者保持俯卧撑的姿势，同伴将其两条腿当作车子的扶把抬起，然后练习者用两只手支撑起身体向前爬行。

第三，大象走：练习者模仿大象用双手、双脚着地，先用同侧手脚同时向前迈出第一步，之后换另一侧手脚同时向前迈出第二步，按照这个方法不断练习。注意练习者要保持抬头挺胸，腰部也要挺直。

3. 躯干力量训练

（1）杠铃负重练习。练习者俯卧或者仰卧在两条凳子上，身体中部悬空，然后将2.5～5千克不等的杠铃放于身体悬空的部位，然后保持这个姿势静力支撑一段时间，这项练习可以使躯干、背肌、腰腹的力量得到锻炼。

（2）垫子或横跳箱上练习。垫子或横跳箱上练习主要包括以下三种形式：

① 俯卧起：练习者在肋木前的垫子或横跳箱上保持俯卧姿势，用脚踝勾住肋木，颈背部放上沙袋等重物，然后做屈体后仰动作，从而使练习者背部肌肉的力量得到锻炼。

② 侧卧起：与俯卧起的设备相同，不过练习者是侧卧于垫子或横跳箱上，然后用脚踝勾住肋木，双手拿着重物或者徒手进行侧卧起练习。

③ 仰卧起坐：与俯卧起的设备相同，不过练习者是仰卧于垫子或横跳箱上，然后用脚踝勾住肋木，双手拿着重物或者徒手进行仰卧起坐练习。

（二）羽毛球运动的速度素质训练

1. 反应速度训练

反应速度是羽毛球运动员对来球进行判断并做出各种击球动作的基础与前提，因此，每一名羽毛球运动员都必须积极训练以努力提高自己的反应速度。具体可以通过以下方式进行训练：

（1）看手势起跑。看手势起跑的具体内容是练习者站在起跑线的位置，对发令员的手势进行观察，一旦发令员做出起跑的手势，练习者就需要马上起动并向前进行冲刺跑。

（2）听口令转身起跑。听口令转身起跑的具体内容是练习者背向起跑线，并保持坐式、站式或者蹲踞式的起跑姿势，一旦听到发令员发出起跑的口令，练习者就需要马上转身起动并向前进行冲刺跑。

（3）视、听信号变速冲刺跑。视、听信号变速冲刺跑是一种混合训练方式。练习者以慢跑的节奏进行运动，当其看到或者听到信号之后需要马上朝着既定的方向加速冲刺跑，第二次获得信号后再次恢复慢跑，第三次获得信号后则再次加速冲刺跑，如此反复进行变速冲刺跑练习。

2. 移动速度训练

在羽毛球训练中，即使羽毛球运动员具有很快的反应速度，但若是其移动速度很慢，那么他们还是不能快速移动到最佳位置，这会使羽毛球运动员错失时机。因此，除了良好的反应速度，羽毛球运动员还要具备快速的移动速度。移动速度训练是羽毛球运动员必不可少的体能训练内容，具体可以采取以下训练方式。

（1）直线冲刺跑。

根据跑步距离的不同，直线冲刺跑的练习可以采取以下方式：

15米冲刺跑：主要训练羽毛球运动员从静止状态到跑步起动的爆发力。

30米加速跑：主要训练羽毛球运动员起动之后连续进行加速的能力。

60米途中跑：主要训练羽毛球运动员以最快速度进行一定距离移动的能力。

100米冲刺跑：在练习100米冲刺跑时，要注意后半程不但不能减速，还要尽量加快跑步的速度，这是为了使羽毛球运动员挑战自己的身体极限。

200米、400米中距离跑：主要是为了提高羽毛球运动员的速度耐力。

（2）往返冲刺跑。

往返冲刺跑的练习主要包括以下方式：

来回跑：练习者可以选择5米、8米、10米、15米不等的距离做来回冲刺跑练习。需要注意的是，无论冲刺跑的距离有多长，练习者在跑的过程中都必须全力以赴、加速向前，要以最快的速度到达终点位置，然后再立刻转身折返跑，此外，为了保持最快的速度，练习者进行冲刺跑的距离不要太长，往返的次数也不宜太多。

10米前后冲刺跑：练习者从起点开始加速冲刺跑到终点，然后再从终点迅速后退跑到起点，如此反复进行练习。

10米左右侧向并步跑：先右脚在前，然后以左脚向右脚进行并步的方式侧向跑至终点，然后再按照左脚在前，右脚向左脚进行并步的方式侧向跑回起点。在练习过程中，练习者可以采用直立或者半蹲两种姿势起跑，不过无论采用哪种姿势起跑都要竭尽全力进行冲刺。

（3）接力跑。

接力跑主要包括以下两种形式。

第一，将参加训练的运动员分成人数相等的若干个小组，当听到口令之后，每组中的第一个人立即以最快的速度冲向终点，到达终点后要快速绕过标志物继续往回跑，当其跑回到起跑线的位置时拍击第二个人，第二个人要以相同的方式进行冲刺跑，以最快的速度完成一轮的小组获胜。

第二，将参加训练的运动员分为两组，每组人数为6人，在地上画出两条相距大约2米的平行线。每组的运动员沿着所画的线站成纵队，彼此之间要保持一定的距离。当听到起跑的口令后，站在队伍最后的运动员在接到球后，要按照蛇形的方式依次绕过本组队友，在此期间，这名运动员不能碰到自己的队友，当其跑到队伍最前面时要立即将球抛给本组队伍中最后一个人，接到球的人则以相同的方式进行蛇形跑，这样依次进行之后，最先完成传球且在跑的过程中没有碰触到本组队友的一组获胜。

3. 动作速度训练

除了良好的反应速度和快速的移动速度，羽毛球运动员还要具备良好的动作速度，如果动作速度过慢，羽毛球运动员就很容易错失最佳的击球时机。因此，加强动作速度训练也是必须的，具体可以采取以下训练方式：

（1）快速跑跳台阶练习。

1级台阶迅速上下往返跑：选择一个比较长的台阶，练习者以最快的速度和小碎步的频率，从台阶底层一步1级迅速跑至顶层，之后再以相同的速度和频率回到原点，通过反复练习来提高练习者的动作速度。需要注意的是，如果练习者想要提高自己的腿部力量和动作速度，那么在跑步的过程中要用前脚掌与踝关节进行发力，同时抬腿的最佳高度是刚刚超过台阶的高度，这样可以避免影响练习者的动作速度。

1级台阶单脚快速跳：选择一个比较长的台阶，练习者按照单脚的方式迅速从台阶底层一步1级跳到顶层，之后再跑回原点换另一只脚重复刚才的动作，然后反复练习。需要注意的是，做上述动作时动作的频率要快。

1级台阶双脚快速跳：练习方法与1级台阶单脚快速跳的方法相同，唯一的区别在于练习者是用双脚进行起跳的。

2～3级台阶交叉蹬跨步跑：选择一定长度的台阶，练习者以最大的步幅从下往上进行加速冲刺跑，每一步所跨台阶数量为2～3个，在跑的过程中要使前腿充分抬高，后腿也要充分后蹬，按照一定的节奏与弹性，努力提高腿部的力量。

（2）快速超越障碍物练习。按照既定的动作方式，练习者迅速迂回地绕过60米距离内的障碍物，或者采用迅速跨越的动作越过这段距离内的障碍物，然后反复进行练习。

（3）下坡冲刺跑。选择一个有一定坡度且较为平坦的坡，然后进行短距离的下坡冲刺跑，在此过程中，练习者要注意不断加快步频。

（三）羽毛球运动的耐力素质训练

一般而言，中等或长距离的跑步和上下肢、躯干力量练习是训练耐力素质的有效方法。

第一，中等或长距离跑步训练。练习者要根据自己的实际情况选择适当的跑步距离。具体的选择种类包括：①400米或800米跑步训练；②1000～3000米中、长距离跑步训练；③3000米或5000米以上长距离变速跑训练；④超过1万米的越野长跑训练。

第二，上下肢和躯干力量耐力训练。上下肢和躯干力量耐力训练可以参考力量素质训练中对上下肢与躯干力量进行练习的内容，但需要注意的是，在练习过程中，练习者要根据自己的实际情况采取适当的内容与方法。

（四）羽毛球运动的柔韧素质训练

1.拉长身体各部位韧带训练

（1）伸展。练习者双脚开立与肩同宽，两臂在胸前呈平屈状态，掌心朝下，之后两臂随着上体左转并向两侧展开，通过做向后振臂动作来拉长韧带，动作还原后两臂再向相反的方向做相同的动作，如此反复练习。

（2）跳跃。练习者双脚开立与肩同宽，两臂在体侧平举，向上跳起两次，落下时两脚并拢，同时两手在头顶上方拍两下，之后继续向上跳两次，并按照一定的频率反复练习上述动作。拍手时要注意两臂必须伸直。

（3）屈体。练习者双脚开立与肩同宽，两臂分别向斜上方举起，两臂之间的距离比肩略宽，上体尽可能向前弯曲，双手先在左膝后面击掌一次，之后再在右膝后面击掌一次，依次反复练习上述动作。

（4）体侧屈伸。练习者双脚开立与肩同宽，左手放在腰部，右臂向上保持伸直状态，上体向左侧弯曲，进行侧屈伸练习，完成一定的次数之后，变换方向，使右手放在腰部，左臂向上保持伸直状态，上体向右侧进行侧屈伸练习。需要注意的是，在进行侧屈伸动作时，叉腰的手可以施加推力，但是手的动作必须轻柔。

（5）触摸脚尖。练习者双脚分开站立，比肩略宽，两臂处于自然下垂的状态，上体向前弯曲，先用左手指尖触摸右脚脚尖，再用右手指尖触摸左脚脚尖，依次反复练习上述动作。

2. 拉或压韧带训练

（1）正面压腿。练习者面对肋木站立，一条腿抬起放在肋木上，另一条腿做支撑，之后用力压靠所抬起那条腿的膝部，完成一定的次数后交换两条腿的位置继续相同的动作。需要注意的是，在进行压腿动作期间，两条腿的膝盖都不能弯曲，且髋关节要与被压腿保持垂直。此外，侧面压腿和正面压腿除了伸腿的方向不同，压腿的方法基本相同。

（2）下腰。练习者背对肋木，两条腿自然分开站立，两臂向上举起并带动上体向后仰，然后双手抓住肋木进行拉伸躯干部位的练习。

（3）劈叉。练习者利用肋木，交替练习横劈叉（侧向）与竖劈叉（正向），进行竖劈叉时，左右两条腿可以交替在前。

（五）羽毛球运动的灵敏素质训练

1. 抛接羽毛球训练

抛接羽毛球的训练方式，主要包括以下类型：

（1）练习者向上抛起羽毛球后立即下蹲，双手碰触地面后快速起立并用右手接住羽毛球。这种训练可以通过游戏的方式进行，可将连续完成一定次数且速度最快的人定为获胜者。

（2）练习者用右手向上抛起羽毛球，与此同时要原地起跳并向左转体一周，然后接住羽毛球。之后换成用左手向上抛起羽毛球，同时转体的方向改为向右，其他要求不变，如此反复练习上述动作。

（3）练习者两脚分开站立，上体微微向前弯曲，一只手拿羽毛球并将其从背后经胯下抛向身前，之后练习者迅速站直并接住羽毛球，如此反复练习上述动作。

（4）练习者单脚站立，同一侧的手从身后将羽毛球经肩膀上方抛向身前，练习者接住羽毛球之后才可以把抬起的那只脚放下，然后交换另一只脚站立，抛接羽毛球的手也要换成另一只手，其他要求不变，如此反复练习上述动作。

（5）练习者在体前平举两臂，用右手将羽毛球从左臂下方向上抛起并用右手接住，在多次练习之后再换左手进行相同的动作，如此反复练习上述动作。

2. 变向能力训练

（1）抢球。将所有练习者分成两组，一组传接羽毛球，另一组努力进行拦截，拦截成功后两组互相交换角色，最后比较两组控球时间的长短。需要注意的是，控球的人在传接球时不能停顿过长时间。

（2）过人。在地上画一条横线，两名练习者在横线两侧面对面站立，一人攻，一人守。负责进攻的练习者要努力越过横线且不被防守的练习者触碰到自己的身体，负责防守的练习者则要伸开双臂对进攻的练习者进行阻拦，尽可能不让其越过横线。这项训练主要是为了提高羽毛球运动员在移动中的变向能力。

3. 灵敏游戏训练

（1）沙包击人。练习者在一个长、宽分别约为8米和4米的场地内开展躲沙包游戏，练习者站在场地中间，陪练者在场地两端用小沙包击打练习者，练习者要尽量不被沙包击中，一旦被击中，对方就可以得一分。

（2）持球过杆。在一条20米长的直线上插上10根杆，练习者拿着羽毛球拍向上抬羽毛球，与此同时，练习者要绕着杆进行曲线接力跑练习。

第五节　乒乓球运动教学及其体能训练

乒乓球运动是比赛双方使用球拍在球台上隔网进行攻防和较量的运动，在我国非常普及，无论男女老少参与群体众多，竞技水平也很高，因此被誉为"国球"。乒乓球的球体小，速度快、旋转猛，在比赛中攻防转换迅速。在运动中需对变化多端的来球快速做出判断并且快速移动，采取合理的技术还击。乒乓球运动对场地和器材的要求不高，对参与者身体条件的要求相对较为宽松，运动量可大可小。

一、乒乓球运动的教学特点、意义与价值

（一）乒乓球运动的教学特点

乒乓球教学是体育教学中不可缺少的重要组成部分，对我国体育教育事业的发展具有积极的推动作用。开设乒乓球课程，系统开展乒乓球教学，主要是为了完成以下教学任务：

第一，使学生在理解乒乓球基本理论知识、基本技战术及其他技能的基础上将这些知识与技能加以掌握。

第二，培养与提高学生的健康理论素养，使学生能够将所学知识与技能运用到日常锻炼实践中。

第三，使学生掌握乒乓球健身锻炼方法与手段，掌握锻炼中常见伤病的处理方法，掌握伤病预防方法和锻炼效果评价方法，养成良好的锻炼习惯，为终身体育锻炼奠定基础。

第四，在乒乓球教学中融入思想品德教育，使大学生形成良好的集体主义观念，培养学生的意志力与竞争力。

第五，培养学生组织赛事的能力与参赛能力，促进学生全面协调发展。

（二）乒乓球运动的意义与价值

在运动能力方面，通过乒乓球内容的教学，学生不仅可以掌握乒乓球运动的技战术，更重要的是乒乓球运动是一项全身性的运动项目，具有很高的健身锻炼价值。在乒乓球比赛或游戏活动时，通过各种形式的活动，如发球、击球、攻球、拉球、搓球、挑球、杀球等动作技术，以及脚步移动、急停变换等身体运动，能全面发展体能，尤其是提高灵敏性、肌肉力量、反应能力等。经常参与乒乓球运动，能锻炼身体，加快新陈代谢，改善身体成分，保证身体各系统正常运转，保持身体健康。

在健康行为方面，在乒乓球比赛或游戏活动时，双方激烈竞争，场上局面变幻莫测，对人的感知力、记忆力、观察力、想象力、思维能力和应变能力都有较高的要求。经常参与乒乓球运动，可以使判断更准确，视野更开阔，意志力更顽强，自信心更足，心理素质更好，情绪控制更佳，还可以养成良好的锻炼、饮食、作息和卫生习惯，控制体重，远离不良嗜好，预防运动损伤和疾病，消除运动疲劳，愉悦身心以及提高人体对自然环境和社会环境的适应能力等。

在体育品德方面，经常参与乒乓球运动可以培养学生的意志力、责任心、自制力和勇敢顽强、不断进取、坚韧不拔的意志品质，以及敢于竞争、团结协作，胜不骄、败不馁，遵守纪律，文明礼貌，公平公正，尊重对手、尊重裁判、尊重观众等优良品格。

二、乒乓球运动的体能素质训练

（一）乒乓球运动的力量素质训练

乒乓球的球体较小，因此在击打过程中就具有飞行速度快、飞行弧线多样、旋转性强、落点多变等特点。再加上技术动作结构等必然要求，使得大多数乒乓球技术都是依靠脚步的移动和手臂的挥动来完成的，这就需要身体不同部位的协同用力，进而对身体不同部位的力量素质有一定的要求，特别是速度力量与瞬间的爆发力。

速度力量在乒乓球运动中被最多关注，也是力量训练的重点，它实际上就是单位间内肌肉所能达到的最大力量，对这种力量的提升应以中等负荷（极限负重的40%～60%）、重复多次的方式为主，这样训练出来的就是快速有力的力量表现形式。

常用的乒乓球运动力量素质有以下训练方法。

1. 上肢力量训练

（1）持轻哑铃做挥拍练习。

（2）持铁球拍做各种技术的挥拍练习。

（3）反握哑铃弯举，同时做内旋动作。

（4）持轻哑铃做变速模仿削球练习，用时1~2秒。

（5）持拍或持哑铃做反手推挡球动作，还可做加力推动作的练习。

（6）各种徒手挥拍动作练习，动作可以为正反手攻球或是弧圈球动作，要设定一个次数与组数。

2. 下肢力量训练

（1）肩上扛杠铃做负重蹲的静力训练，整个动作持续时间根据实际情况为10~30秒。下蹲的过程有半蹲和全蹲两个阶段，身体由直立到半蹲需要6秒的时间，半蹲维持6秒，再用6秒完全蹲下。在起身阶段中的时间配比与之前一样。另外为了增加难度，在半蹲阶段时还可以做左右侧滑步行进的练习等，这个动作的完成速度以慢速为宜。

（2）运动员在杠铃的负重条件下，做侧跨步行进、左右跨跳、快速箭步上挺、提踵、双脚前后跳或左右跳、交叉步行进等动作。

3. 其他力量训练

（1）跳栏架，是对腿部、髋关节与肩部的力量进行训练。每隔将近1米的距离放置一个栏架，共放置3~5个。运动员在第一栏前准备，开始后双脚连续向前跳越栏架。要求在连续跳跃过程中膝关节并拢。

（2）换脚跳，是对腿部、髋关节与肩部的力量进行训练。在行进过程中开始起跳，每次跨越的距离从30~100米逐渐增加。这个练习的意义在于让运动员更好地体会地面给身体的反作用力。

（3）立定跳远，是对腿部、髋关节与肩部的力量进行训练。双脚分开，手臂高举，然后膝部弯曲，手臂后摆蓄力，在手臂向前摆动的同时用力蹬伸腿向前跳出。

（4）后抛实心球，是对腰部、肩部、腿部和髋关节的力量进行训练。两脚开立与肩同宽，双手持球放于身体前面。背向投球方向，身体弯曲下蹲蓄力，然后利用挺胸和腿部的爆发力将球从头后上方抛出。这个动作的完成更多依靠腿部与髋关节的发力，也是锻炼人的协同发力的好方法。在每次投球时都应尽全力投出。

（二）乒乓球运动的速度素质训练

速度素质，是指人体或人体的某些部位快速运动的能力。在人体与器械整体运动中，速度是指人体—器械整体快速运动的能力。速度能力包括快速移动能力、快速完成动作的能力和快速反应能力，即所谓的移动速度、动作速度和反应速度。

速度素质是个体神经—肌肉支配系统反应的灵活性、反应时、肌肉收缩速度等综合能力的体现。速度素质是指以最短时间通过一定距离的能力，以最短时间完成一定幅度动作的能力，以及神经冲动以最短时间通过反射弧的能力。

速度是运动员的基本素质之一，在他们的体能训练中起着重要的作用。一些运动（例如100米短跑）比的是运动员的速度。虽然有些体育赛事并不比速度，但速度也对运动表现有直接影响。

1. 移动速度训练

移动速度，是指运动员利用步法在最短时间内到达击球位置的能力。因此，在对乒乓球运动员的移动速度加以提高的训练中就应该结合乒乓球步法来练习，这样对移动速度的提高更具有针对性且更加高效。

（1）多球不定点正手攻球练习。

（2）面朝同一方向绕球台移动练习。

（3）面向球台绕球台侧滑步移动练习。

（4）推、侧、扑步法练习，30秒～1分钟为一组。

（5）摸球台两端线角练习，30秒～1分钟为一组。

（6）近、中台步移动练习，30秒～1分钟为一组。

（7）以左右边线延长线为宽度的步法练习，30秒～1分钟为一组。

（8）以两边底线为宽度的交叉步移动练习，30秒～1分钟为一组。

（9）以球台中线或左右边线为宽度的左右跨跳练习，30秒～1分钟为一组。

2. 反应速度训练

（1）听口令做急停、急起练习。

（2）接多球发球练习。运动员根据发球属性连续回接。

（3）两个人都相继发多球，另一人接发球。发球与接发球角色交替进行。

（4）二人想象比赛，要求运动员观察对手的动作和预判球路，然后做出回接动作。

（5）在单一线路对攻的练习中，某一方突然改变回球线路，另一方快速反应回接。

（6）根据口令做左右移动的步法练习，步法可以是并步、侧身步或交叉步等。

（7）根据教练口令做相应技术动作，如口令为"正弧圈"，运动员即做正手弧圈球技术动作；口令为"反搓"，运动员即做反手搓球技术动作。

3. 动作速度训练

（1）各种形式或方向的快速跑练习。

（2）组织各种速度灵敏类体育游戏。

（3）要求运动员在规定时间内以最快速度或最高频率完成规定项目的动作练习。

（4）采用多种直观感觉信号指示运动员做出相应动作。就感觉信号来说，灯光或声音的方式最为理想。

（5）利用器械重量变化后的后效作用进行练习。最直接的、对乒乓球运动技术最有效的方式就是使用铁质球拍做动作，然后再使用正常球拍时会让运动员感到挥拍速度更快，正反手摆速频率更高，速度力量得以显著提升。

（三）乒乓球运动的耐力素质训练

耐力素质，是指运动员在长时间运动过程中的抗疲劳能力。耐力素质训练的最大价值在于能够让运动员的身体机能储备更多的能量和最快消除代谢附属物的能力，以使机体内部环境始终保持稳定。

乒乓球比赛虽不像足球和篮球那样对运动员体能和其他身体素质有着较高的要求，但耐力较好的运动员更可能在比赛中，特别是在比赛后期占据一定的体能优势。

（1）长短球步法练习，持续时间为3分钟。

（2）先拉后扣的多球练习，持续时间为3～5分钟。

（3）连续扣杀的多球练习，持续时间为3～5分钟。

（4）双人利用多球在移动中练习扣杀，持续时间为3～5分钟。

（5）推、侧、扑步法练习，持续时间为3分钟。可采用徒手或多球的训练方式。

（6）跳绳，持续时间为3分钟。跳绳的样式要多样化，如单摇、双摇、正摇、反摇、编花等。

（7）带球跑5分钟、10分钟或15分钟。可以采用足球带球的方式，也可以采用篮球运球的形式。

（8）800～1500米变速跑。学生6～10人列成纵队，听信号从排尾跑到排头，在这段距离内可以使用多种步法完成。

（四）乒乓球运动的柔韧素质训练

1. 肩关节柔韧素质训练

（1）压肩练习。运动员面向球台，双手扶球台做压肩练习。

（2）正、侧压腿练习。前后左右劈腿练习；可独立前后振压，也可以将腿部垫高，由同伴帮助下压。

（3）侧向压肩练习。运动员侧向面对肋木，靠近肋木的手下握肋木，另一手抓握肋木上部，后开始侧拉。

（4）双人压肩练习。两人面对面站立，双手互相扶对方肩膀，做压肩练习。

（5）双人背向拉肩练习。两人背向站立，双手上伸高于头部，相互拉手，后同时做弓箭步前拉练习。

（6）借助同伴压肩振臂练习。运动员采取坐姿，手臂上举，另一人在背后膝部顶住练习者的背部，同时双手后拉练习者的双手，向后拉肩振胸。

（7）棍、绳或橡皮筋转体练习。用木棍、绳等器械做直臂向前、向后的转肩练习。为了增加难度可以逐渐将手的握距缩小。

2. 腰腹部柔韧素质训练

（1）挺身起。运动员背对肋木，双手正向握肋木，提踵屈膝站立。开始时脚蹬地向前送、挺身至最大限度。

（2）后下屈体。运动员背向肋木站立，向前挺髋、挺胸、抬头，手经头上向后握住肋木，然后握持的位置逐渐下移，直至身体后屈到最大限度。

（3）后倒呈背弓。运动员屈膝跪立，上体缓慢后倒，肩部触地，然后慢慢挺胸展开，两手支撑呈背弓。

3. 下肢柔韧素质训练

（1）正摆腿。运动员侧向肋木，一手扶肋木，外侧腿向正前上方快速摆动，脚尖绷直，两腿交替进行。

（2）侧压腿。上体直立，两腿分开，以左腿为支点，下压身体，左腿屈，压右腿，如此两腿交替进行。

（3）外摆腿。直立，两手侧平举，左腿先向前踢，后向左外侧摆动碰手，腿的动作轨迹是一个弧线形态，两腿交替重复进行。

（4）屈膝坐侧压腿。运动员上体直立，两腿屈膝，两脚掌相对并接触坐下。双手下压两膝关节至两膝触地。

4. 踝关节柔韧素质训练

（1）踝屈伸。运动员双手握较低肋木，双腿后伸，两腿提踵支撑。一脚屈踝至全脚掌撑地，另一脚提踵。注意两脚尽量后伸，如此两脚轮流进行。

（2）体前屈伸膝、踝。运动员屈膝，身体前屈手触地，然后双腿伸膝、伸踝和提踵。如此重复练习。

（五）乒乓球运动的灵敏素质训练

在乒乓球运动中，要在复杂多变的比赛中取得最合适的击球点需要快速的反应以及灵敏的移动步伐，由于击球范围的限制，需要的移动速度是短距离起动速度制动和变换方向的相关反应。

1. 左推右攻训练

左推右攻是以近台正手攻球为主、以反手推挡等技术为辅的战术方式，是快攻型打法的主要战术之一。在运用中要以该战术的"变"为核心，即通过落点调动跑位，通过回球加转进行旋转变化，通过突然加力变化节奏，这样的回球才会给对方造成较大的威胁。

在练习方法方面，可采用单人对练方法进行练习，也可采用一人练习左推右攻、另一人用推挡连续打有规律的落点的方法，提高控制落点的能力，使主练一方多次重复练习该技术动作。技术熟练后可进行无规律落点的练习，可以采用计数的方法来控制训练的质量，尽量采用多球单练方法以节省练习时间。

2. 发球抢攻训练

根据学生特点选择合适的发球位置。如果学生正手进攻能力和跑动能力比较强，为了便于正手抢攻技术的使用，一般站在侧身位发球。如果学生善于反手攻，则应站在球台中间位置发球。

发球后判断来球的方向。同时脚蹬地，移动重心，依据来球落点与身体的距离选择使用合适的步伐。在脚落地时挥拍击球，身体带动手臂发力；击球后保持身体平衡，迅速还原。

在练习安排上采用两人对练的方法，开始练习时要求一方回接球的落点相对固定位置，在二分之一台内，另一方练习发球抢攻，然后再逐渐增大难度，对方回球可以不限落点，以提高步伐移动的灵活性。最后让对手采用多种不同的回接方法，使练习发球、抢攻和比赛实战情况逐渐结合起来，从而提高实战能力。

3. 接发球抢攻训练

根据对方发球的动作判断来球的方向和旋转迅速做出接发球准备，脚蹬地，移动重心，依据来球落点与自己身体的距离选用合适步伐。在脚落地时，挥拍击球，身体带动手臂发力；击球后，保持身体平衡，迅速还原。

练习时要特别强调判断正确，移动及时，注意提高前臂及手腕控制球的能力。在接一种旋转的接发球抢攻重复练习熟练后，可以练习抢攻另一种旋转方式的球。接发球抢攻练习也要重视抢攻后的连续进攻技术的练习，发展相持球的能力。

参 考 文 献

［1］毕春佑，周莉，杨树昆，等.健康体适能教学的实验观察［J］.体育学刊，2003，10（1）：50-52.

［2］陈培友，孙庆祝.青少年体质健康促进管理模式的创新［J］.体育学刊，2014，21（2）：34-39.

［3］陈新平，蒯放.对运动员基础体能测试热议的冷思考［J］.体育学刊，2021，28（3）：139-144.

［4］陈志高.高中足球教学策略探究［J］.当代体育科技，2019，9（17）：61，66.

［5］邓智辉.高中足球教学中训练学生体能的策略［J］.灌篮，2022（16）：19-21.

［6］杜伟.高校篮球运动员的体能素质测试与评价管理研究［J］.文体用品与科技，2016（14）：147-148.

［7］高芳.从健康体适能谈学校健身气功的健身应用［J］.灌篮，2021（12）：57-59.

［8］贺仕刚，谭志刚.中国传统养生文化的传承与发展探究［J］.南华大学学报（社会科学版），2019，20（2）：23-27.

［9］胡丽娜.浅析新课程背景下高中女子排球新型教法的应用［J］.灌篮，2022（19）：133-135.

［10］李东斌.青少年体质健康促进政策研究［J］.体育文化导刊，2014（12）：13-15，30.

［11］李凯.青少年体操运动员核心力量训练方法探讨［J］.体育时空，2018（18）：112，114.

［12］李萍.体质健康测量中耐力素质测试指标的有效性述评［J］.体育学刊，2005，12（5）：36-38.

［13］李威，高峰，吴雪姣.核心力量在竞技体育中的应用［J］.科技信息，2010（19）：244，209.

［14］李文秀.高中排球运动员专项体能训练策略探析［J］.体育画报，2021（1）：64.

［15］李小华.提高中学生乒乓球赛前训练水平的四个"加强"［J］.体育教学，2012，32（12）：69.

［16］刘刚，温英英.国家队基础体能达标测试在省队参考执行时的考量［J］.体育科技文献通报，2021，29（7）：184-185.

［17］刘锦文.高中乒乓球技术训练与意识培养研究［J］.魅力中国，2019（1）：120.

［18］陆家敏.中学羽毛球教学中体能训练探究［J］.当代体育科技，2020，10（10）：66，68.

［19］马建龙.撷谈高中足球教学［J］.甘肃教育，2022（2）：108-110.

［20］钱亚婷，汪海彬.体能测试对大学生身体自我满意度的影响分析［J］.平顶山学院学报，2022，37（2）：119-124.

［21］史文亚，陈钦英，覃林，等.互助教学法在高中排球技术教学中的实验研究［J］.当代体育科技，2023，13（4）：41-44.

［22］宋桂海.高中体育排球教学的有效实施［J］.科普童话·新课堂（上），2020（9）：79.

［23］苏犇.高中排球教学策略探究［J］.灌篮，2019（11）：157.

［24］孙伟.高中排球体育项目教学手段优化探索［J］.体育画报，2023（1）：11-13.

［25］唐英铭.体能训练对高中生羽毛球运动员步法的研究［J］.当代体育科技，2020，10（15）：36-37.

［26］田来."双新"背景下高中排球专项化教学实践与思考［J］.上海课程教学研究，2021（11）：36-40.

［27］韦静依，袁芳，刘明倩，等.核心力量训练对高中生排球垫球技术效果的实验研究［J］.当代体育科技，2022，12（10）：64-67.

［28］邢祥林.排球体育课堂教学中体能训练的几点思考［J］.文化创新比较研究，2018，2（23）：178-179.

［29］许小彪.浅析校园足球背景下的高中足球教学［J］.读与写，2021，18（3）：246.

［30］闫琪.为运动专项设计合理的体能测试方案［J］.中国体育教练员，2022，30（4）：7-11.

［31］杨丙丁.高中男排运动员专项体能分析与探讨［J］.当代体育科技，2021，11（7）：25-27.

［32］杨涛.合作学习在高中排球选项教学中的应用［J］.科学咨询（教育科研），2022（4）：245-247.

［33］杨义.高中乒乓球选项学生体能素质发展趋势［J］.当代体育科技，2013，3（1）：26-27，30.

［34］杨义.三种球类选项课对高中学生体能素质发展的影响［J］.科教导刊（上旬刊），2014（22）：236-237.

［35］姚孝晖，司徒卫东.高中排球教学中实施合作学习［J］.当代体育科技，2017，7（15）：68-69.

［36］岳建军，高升，龚俊丽，等.体质测试中青少年力量素质评价指标效度的比较［J］.体育学刊，2017，24（6）：138-144.

［37］郑元君.篮球运动训练中核心力量训练的价值及应用［J］.灌篮，2022（20）：10-12.

［38］朱健，周芳.浅谈新课标下高中排球教学比赛［J］.中国科教创新导刊，2008（1）：111.